感谢教育部人文社会科学青年基金项目（编号：17YJC790001）的支持！

上市公司高管股权激励效果研究

——基于中国A股上市公司的证据

白庆辉　著

中国财经出版传媒集团
中国财政经济出版社

图书在版编目（CIP）数据

上市公司高管股权激励效果研究：基于中国A股上市公司的证据/白庆辉著．—北京：中国财政经济出版社，2018.1
ISBN 978-7-5095-8048-6

Ⅰ.①上…　Ⅱ.①白…　Ⅲ.①上市公司-管理人员-激励-研究-中国　Ⅳ.①F279.246

中国版本图书馆CIP数据核字（2018）第025895号

责任编辑：卢元孝　　责任印制：刘春年
封面设计：孙俪铭　　责任校对：李　丽

中国财政经济出版社 出版
URL：http：//www.cfeph.cn
E-mail：cfeph@cfeph.cn

社址：北京市海淀区阜成路甲28号　邮政编码：100142
营销中心电话：010-88191537　北京财经书店电话：64033436　84041336
北京财经印刷厂印装　各地新华书店经销
710×1000毫米　16开　10印张　200 000字
2018年1月第1版　2018年1月北京第1次印刷
定价：58.00元
ISBN 978-7-5095-8048-6
（图书出现印装问题，本社负责调换）
本社质量投诉电话：010-88190744
打击盗版举报热线：010-88191661、QQ：2242791300

前　　言

上市公司管理层的股权激励问题，一直是国内外研究的热点，其目的是解决困扰现代企业的委托代理问题，虽然我国在20世纪80年代就开始股权激励的尝试，但我国真正意义上的股权激励则是从2006年开始的。随着股权分置改革成功落幕，以及新《公司法》和新《证券法》的颁布实施，2005年12月31日，中国证监会发布了《上市公司股权激励管理办法（试行）》。这些法律、法规的出台，为股权激励构建了较完善的法律框架基础，标志着我国上市公司开始了股权激励新纪元。从2005年7月1日到2012年12月31日，中国A股上市公司共有419家发布了股权激励的预案。或许受到A股市场连续几年低迷的影响，发布股权激励预案的419家公司很多最终却放弃了股权激励计划，有些公司则是在实施后不久被迫中止了股权激励计划。

在国内外关于股权激励的众多研究中，对于股权激励的效果问题关注甚多，它们从不同角度探讨了股权激励的效果问题。例如，有研究从股权激励的正面影响出发，研究股权激励的激励效应问题（Healy，1985）[1]；有研究从股权激励的负面影响出发，研究股权激励引发的高管盈余管理问题（Qiang Cheng and Terry D. Warfield，2005）[2]；有研究从股权激励的具体效果出发，发现股权激励不仅存在着激励效应，还存在着福利效应（吕长江、郑慧莲等，2009）[3]；有研究从公司治理的角度出发，发现董事会的人员结构也可影响股权激励效果（王华、黄之骏，2006）[4]；等等。本书在以往研究的基础上，基于中国A股这一特定资本市场环境，从几个重要方面考察了股权激励的效果，并获得了新的发现。本书基本思路是：一方面从投资者的角度，研究中国A股上市公司股权激励方案发布的“市场效应”，即A股投资者对于上市公司发布股权激励的态度；另一方面从管理者的角度，基于管理者权力理论，研究中国A股上市公司股权激励决策的影响因素，并研究在股权激励方案设计中是否存在高管“自利性”。以下对此详细阐释：

（1）股权激励方案发布的市场效应。

对于上市公司的股权激励计划，投资者的态度如何？投资者是否会做出积极的回应？本书采用事件研究法，通过分析股权激励计划预案日前后不同窗口期的平均超额收益率（AAR）和累计超额收益率（CAR），依此判断上市公司投资者对于股权激励计划的态度。研究表明，上市公司投资者会对上市公司的股权激励方案发布会做出积极反应。不仅如此，从股权激励方案的具体内容来看，投资者对于采用股票期权方式的激励方案比采用其他方式的股权激励方案的回应更为积极；投资者对于激励有效期5年以上（不含5年）的激励方案比激励有效期5年以下（不含5年）的激励方案回应得更为积极；投资者对于行权业绩条件量化的股权激励方案比行权业绩条件不量化的股权激励方案的回应更为积极。研究结论表明，投资者可以识别股权激励方案的具体设计的差别，并会对此产生不同的反应，从而会影响企业的市场价值。

（2）股权激励计划实施的影响因素。

上市公司为何实施股权激励计划？在中国A股2400多家上市公司中，为何有的公司选择了股权激励计划？而有的公司没有选择股权激励计划？本书研究的创新点在于，本书基于管理层权力理论分析上市公司的股权激励与管理者权力的相关性，即股权激励计划多大程度受到管理者权力的影响。研究表明，在关于管理层权力特征的8个要素中，其中6个对上市公司实施股权激励计划有显著影响。这说明，我国上市公司实施股权激励计划与上市公司管理者权力有着密切关系，股权激励计划受到管理层权力因素的驱使，某种程度上成为管理层寻租的结果。

（3）股权激励方案设计中的“自利性”分析。

截至2012年年底，中国A股上市公司共有419家公司发布了股权激励计划预案，预案虽然不是最终方案，发布预案的公司也不一定能进入实施阶段，但上市公司的股权激励计划预案由于反映了上市公司管理层的初衷，其往往比最终方案更能体现管理层动机。本书仍然基于管理者权力理论，分析股权激励方案的设计是否存在自利行为。研究结论表明，股权激励方案的设计中存在自利行为，而且管理者权力因素在其中发挥了根本作用。这也佐证了吕长江等（2009）的结论：上市公司的股权激励计划不仅存在着激励效应，也存在着福利效应。这说明，在缺乏有效治理的上市公司中，管理层权力无法受到有效约束时，管理层可把股权激励作为向自身发放福利的方式。

总之，本书研究股权激励的效果，有利于改进和完善政策监管，根据研究结论，建议在不断完善我国的资本市场的基础上，应加强对上市公司的监管，唯此，上市公司的股权激励计划才能真正达到其激励效果。

作者

2018 年 1 月

目　　录

第1章　导　　论

1.1 选题背景

现代企业的基本特征是所有权和经营权的分离，这便产生了委托—代理问题。企业投资者会聘请优秀的经理人团队——“企业高管”经营企业，企业的高管通过他们的经验和智慧为企业投资者创造最大利益，这是投资者期待的目标。但是，结果常常事与愿违，因为，企业高管们不惜代价为投资者创造最大利益并不完全符合他们自身的利益。高管们期待的可能是更多的闲暇时光、更多的在职消费，以及更多对企业的影响力。Jensen 和 Meckling[5] 在 1976 年便指出，“企业的股东可分为内部股东和外部股东两类，内部股东主要指高层经理人员，他们实际上拥有对公司的控制权及专有投票权；企业的外部股东是普通的投资者，虽然他们不拥有对公司的控制权，但可以‘用脚投票’。对两类股东来说，每股股权都取得相同的股利。然而，内部股东却可以通过特权消费获利，存在机会主义行为。”因此，作为理性的“经济人”，企业高管们的目标不是最大化企业利益而是最大化自身利益。对于主要关心自身利益的企业高管来说，如何促使他们全心全意为投资者创造最大利益成为现代公司治理中的基本课题。

股权激励，虽然它最早在美国出现是作为一种避税方式，但后来实施股权激励的公司更多的是把股权激励作为解决委托—代理问题的一种手段。Stulz (1988)[6] 认为“企业管理层拥有适度的股权可以缓和其与股东间的利益冲突”。根据心理学中的行为激励理论，企业高管因股权激励得到企业部分剩余索取权，他们便会像投资者那样思考，不仅希望得到企业经营良好时的部分收益，还将承担企业经营不力时的部分风险，这将促使企业高管努力工作并减少在职消费，从而把代理成本降到最低。

股权激励也被看作是一种薪酬支付方式，但它与现金薪酬有所不同，不同之处在于，现金薪酬常常会使企业高管专注于短期行为，而很少考虑企业的长期目标，股权激励会使企业高管更多地考虑企业的长远发展。根据 Laffont 和 Tirole（1988）[7]的研究，企业高管薪酬的制定应考虑“当年利润”和“企业价值”两个方面，企业价值应占大部分。仅仅依据当前业绩向企业高管支付薪酬是一种歪曲的标准，因为这将促使企业高管放弃未来有利可图但却减少当前利润的项目，所以股权激励可以促使企业高管减少短期行为，让他们不但关心企业的当前利润，还会关心企业的未来价值。

股权激励还被认为是企业高管“人力资本化”的结果，这一观点植根于人力资本产权理论。Becker（1975）[8]认为：“管理层持股以股权激励的形式使企业管理层获得了剩余索取权，这实际上是企业对管理层人力资本价值的一种肯定。所以股权激励的过程也是人力资本产权的物质化过程。管理层若想使股权收益最大化，就必须努力使公司财富最大化，通过其个人努力使公司财富增加，管理者从中获得相应的资本收益。”

中国企业的“股权激励”最早可追溯到20世纪90年代，中国的改革者们曾进行过很多有益的尝试，但真正意义的股权激励起始于股权分置改革之后。在2006年之前，虽然国内一些学者对股权激励有过研究，但其研究背景是基于当时中国并不规范的股权激励。规范的股权激励从2006年起实施到2013年也不过短短7年。

在2005年下半年，股权分置改革成功落幕，这解决了股票的流动性问题。2005年10月，《公司法》和《证券法》的修订通过，并于2006年1月1日起开始实施。新的《公司法》和新的《证券法》对于公司回购股票、公司资本制度及上市公司高管任期内股票转让都有重大突破。2005年12月31日，中国证监会发布了《上市公司股权激励管理办法（试行)》，并于2006年1月1日实施，这标志着股权激励的最后一道障碍被清除。2006年1月9日，国资委和财政部联合发布了《国有控股上市公司（境外）实施股权激励试行办法》和《国有控股上市公司（境内）实施股权激励试行办法》。2008年5月和9月，证监会连续发布了3个《股权激励有关事项备忘录》，对上市公司股权激励的对象、数量、工具、行权业绩条件、行权价格、行权安排等做了规范。2008年10月，国资委和财政部联合发布《关于规范国有控股上市公司实施股权激励制度有关问题的通知》，进一步针对自2006年以来国有控股上市公司股权激励实施中出现的各种问题提出改进措施。

综观中国规范股权激励实施的过程，特别是一系列法律、法规的出台，均有一个共同的目标，就是让中国A股上市股权激励运行更加规范，并让股权激励在实施中发挥真正的激励效果。但是，上市公司股权激励会产生怎样效果，国内外学者却持有各种不同的观点，对此的研究结论大相径庭，甚至截然相反。虽然国外学者对此研究较早，取得了许多有价值的研究结论，但是，西方学者根据其西方完善资本市场的研究结论并不一定适合于中国市场，因为，中国作为新兴市场国家和体制正在转轨的国家，无论是上市公司的治理特点，还是资本市场运行机制，都与国外有许多不同之处。因此，基于中国A股市场探讨股权激励的效果仍具有重要价值和研究意义。另外，自2006年1月1日起，中国的新股权激励已经实施了多年，此时研究中国A股上市公司实施股权激励的效果，既是对现行股权激励政策效果的检验，也将为政策和法规的进一步完善提供依据。

1.2 研究目的与研究意义

1.2.1 研究目的

以2006年以来中国规范股权激励实施为背景，对中国A股上市公司实施股权激励的效果进行研究。股权激励的效果涵盖的方面很多，本书将选择几个方面研究股权激励的效果，并希望通过本书的研究，解决以下几个问题。

（1）上市公司推出股权激励计划，从投资者的角度说，是希望股权激励能促进股价上升，让“股东财富最大化”，因此，对于上市公司发布的股权激励计划，投资者的态度可以反映股权激励的效果。本书希望通过实证研究检验投资者对于股权激励的态度，探讨上市公司推出的股权激励计划是否能得到投资者的认可。

（2）根据管理者权力的观点，在上市公司股权激励计划的决策过程中，上市公司管理者可能在其中扮演重要角色。本书通过实证研究，希望检验上市公司高管在股权激励方案的决策中是否发挥重要作用。“管理者权力因素在中国A股上市公司的股权激励决策中发挥着关键作用”，这一结论如能得到实证检验，便可洞悉中国上市公司实施股权激励的动机和性质。

（3）如果管理者权力可以影响股权激励决策，那么，管理者权力因素还可能进一步影响上市公司股权激励方案的制定。如果上市公司治理结构中的管理者权力过大，则管理者在股权激励方案设计中可能会有自利行为。本书对此推断进行实证研究，检验管理者权力是否会影响股权激励方案的制定。

1.2.2 研究意义

本书主要有以下研究意义：

（1）通过研究中国A股上市公司股权激励的市场效应，即A股上市公司的股权激励计划能否得到投资者的积极回应，特别是股权激励方案具体内容差异能否得到投资者不同的反应，本书将解决投资者对股权激励发布的态度问题。研究结论表明，无论是上市公司推出股权激励具体方案，还是监管部门对股权激励的监管政策，都要充分考虑股权激励方案的具体设计，因为股权激励方案设计会影响上市公司利益。

（2）通过研究管理者权力在中国A股上市公司推出股权激励计划中扮演的角色，可以发现，中国上市公司推出股权激励计划，管理者权力在其中发挥了主导作用，这往往是在上市公司治理弱化的背景下产生的。这表明，中国上市公司治理滞后会影响股权激励的效果，因此，相关部门在下一步的股权激励政策完善中，应对中国A股上市公司治理弱化的问题加以考虑。

（3）通过对中国A股上市公司中股权激励方案设计与管理者权力两者关系研究，进一步证明了管理者权力因素对中国A股上市公司的股权激励发挥着重要作用。有关部门对于上市公司股权激励的监管，可从有效约束上市公司管理者的权力入手。

1.3 研究方法和研究思路

本书采用规范研究和实证研究相结合，并以实证研究为主的方法。在既有研究文献和相关理论的基础上，首先定性分析股权激励的效果以及股权激励产生效果的条件。根据对股权激励效果含义的界定，本书从投资者和管理者两个角度实证研究股权激励的效果如何，并根据研究得出相应结论。本书的基本研究思路如图1-1所示。

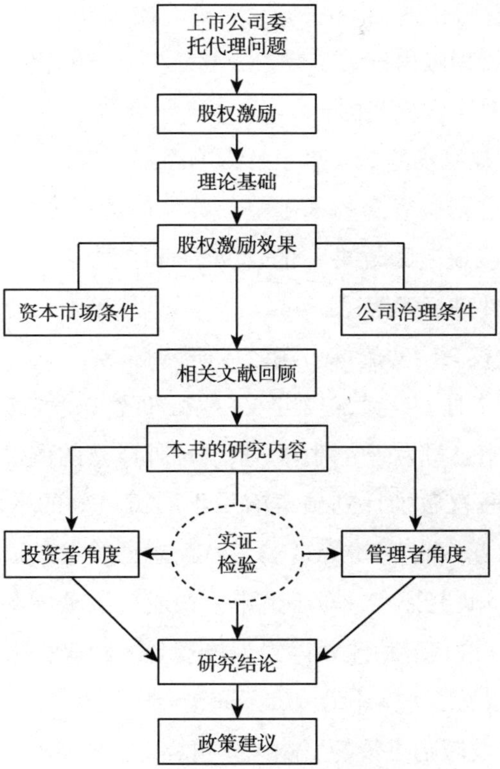

图1-1　本书基本研究思路

1.4　研究框架

第1章 导论

本章介绍本书的研究背景、研究目的和研究意义，简述本书的研究方法和研究思路，并对研究的主要内容、创新点和不足做出说明。

第2章 股权激励在境内外的发展概况

本章概述境内外股权激励的发展情况，特别是股权激励在我国的发展和演进历程。本章的研究主要是对境内外股权激励的发展历程有所了解，对后面的研究进行必要铺垫。

第 3 章 股权激励效果相关研究文献综述

本章系统梳理国内外关于股权激励效果研究的相关重要文献，将为后面的研究奠定文献基础。

第 4 章 股权激励的效果界定及影响因素

本章在界定相关概念的基础上，首先简述了股权激励的相关理论，其次对“股权激励效果”的含义进行了界定，最后对股权激励发挥效果的条件进行了阐述。

第 5 章 股权激励实施的市场效应研究

以 2005 年 7 月 1 日到 2012 年 12 月 31 日发布股权激励计划的 419 家中国 A 股上市公司为研究对象，根据国外成熟的事件研究法，研究上市公司发布股权激励计划预案前后不同窗口期的平均超额收益率（AAR）和累计超额收益率（CAR），从而求证股权激励计划是否得到投资者的回应。研究证实，对于上市公司股权激励预案，存在着超额收益率，也即，股权激励计划得到了投资者的积极回应。另外，本章研究还证实股权激励方案中的内容不同也会得到投资者不同的回应。

第 6 章 股权激励决策的影响因素研究

以我国所有 A 股上市公司为实证研究对象，研究哪些因素会影响 A 股上市公司推出股权激励计划。本章根据管理者权力理论的观点，把影响企业股权激励决策的因素分为“管理者特征”和“企业特征”两个方面进行研究。实证结论表明，“管理者特征”中绝大多数变量都对上市公司股权激励决策有显著影响。这还说明，管理者权力理论可对我国 A 股上市公司股权激励的决策进行合理解释。

第 7 章 股权激励实施中高管自利性研究

以 2005 年 7 月 1 日至 2012 年 12 月 31 日发布股权激励计划的 419 家中国 A 股上市公司为研究对象，研究股权激励预案设计中是否存在“自利”行为，因为证监会规定，股权激励的行权价不得低于预案发布日前一天的收盘价与前一个月平均收盘价的较高者，因此本章以“Max（公告日前一天收盘价，公告日前一个月平均收盘价）-行权价格”为被解释变量，并把解释变量依据管理者权力理论划分为观测变量和控制变量，观测变量是与管理者权力相关的变量。研究发现观测变量对被解释变量有显著影响，从而证实“上市公司的高管权力越大，则上市公司推出股权激励方案中的行权价格便会相对越低，即上市公司自利的程度就越大”。

第8章 研究结论与政策建议

本章将在前面研究的基础上得出研究结论，针对股权激励问题提出政策建议，并提出未来可能进一步研究的方向。

本书的内容框架如图1-2所示。

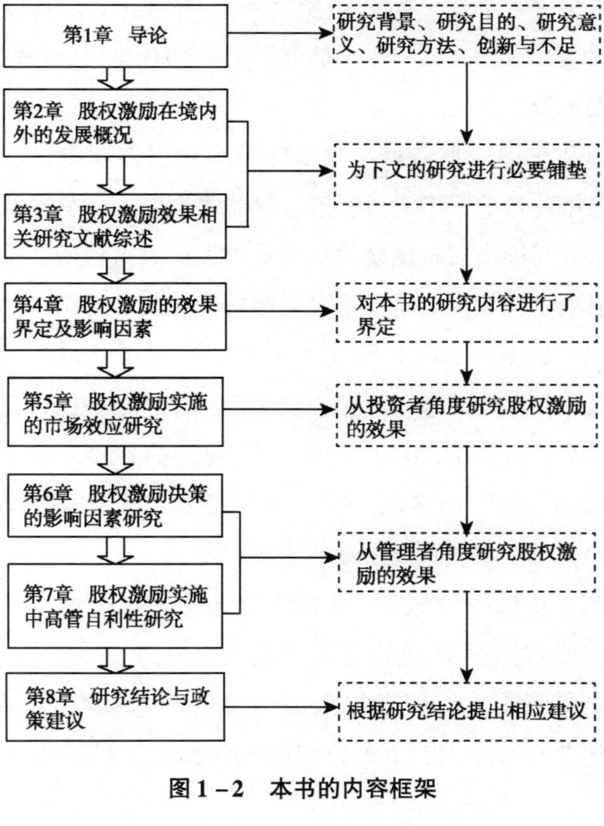

图1-2　本书的内容框架

1.5 创新与不足

1.5.1 创新

本书的创新之处在于：

（1）基于中国A股数据，本书实证研究了投资者对于上市公司推出股权激励方案的回应，结论表明，股权激励方案的推出可以得到投资者的积极回应。结论还表明，股权激励方案内容的不同会让投资者有不同的反应，包括“不同的股权激励方式、激励有效期的长短、行权业绩指标是否量化”都让投资者有不同的反应。具体而言，投资者对股票期权激励方式、更长的激励有效期和量化的行权业绩指标的反应更为积极。

（2）基于中国A股数据，并依据管理者权力理论，本书对上市股权激励决策的影响因素进行研究。结论表明，上市公司管理者权力要素是上市公司推出股权激励计划的重要原因。这说明，中国上市公司推出股权激励计划可能是上市公司治理弱化的一种结果。

（3）吕长江等（2009）证实：中国A股上市公司推出的股权激励方案不仅存在激励效应，也存在福利效应。本书在此研究基础上对股权激励方案设计中的“激励”和“福利”的界限进行了界定，并提出了“福利边界”的概念。这有助于我国上市公司股权激励方案的有效设计，从而增强股权激励的激励效果。

（4）基于中国A股数据，并依据管理者权力理论，本书对上市公司高管在股权激励方案的设计中是否存在“自利性”进行了研究。实证结果表明，管理者权力的确可以影响股权激励方案的设计，且管理者权力越大，上市公司股权激励方案设计中的自利程度就越大。

1.5.2 不足

（1）本书基于中国A股资本市场进行研究，中国的资本市场尚在发展和完善中，有许多方面的不足，这可能会影响研究结论。

（2）自2006年起A股上市公司开始实施股权激励至2013年，仅有7年时间，也只有400多家上市公司推出股权激励预案，研究样本的局限可能会影响研究结论。

第2章 股权激励在境内外的发展概况

2.1 境外股权激励的发展概况

股权激励发端于20世纪50年代的美国，1952年，一家名叫菲泽尔的美国公司为了规避高额的个人所得税，向员工推出了世界上第一个股权激励方案，即把员工薪酬的一半购买公司股份，参股公司后可以享受公司的分红，由于美国的资本红利所得税远远低于员工工资的收入所得税，这一做法起到了很好的避税效果。

与此同时，美国在20世纪50年代也开始对股票期权进行相关立法，1981年美国国会正式引进了激励性股票期权，1986年美国取消了对股权的优惠税收政策，股权激励受到不小的冲击，1987年的股市大崩盘更是让市场雪上加霜，股权激励因此而降温。进入90年代，市场行情重新好转，以股票期权为代表的股权激励重新受到认可，美国40%上的公司都推出了股权激励计划。据统计，在美国1991年的100家最大的企业中，高管人员平均持有本公司股权比例为2.7%，从高管人员的薪酬组成来看，基本工资占到薪酬总额的33%，而股权薪酬则占到了36%。整体来看，过去以“基本工资+福利津贴+年终奖金”的传统薪酬制度被新的“基本工资+福利津贴+股权薪酬”的模式所取代。

虽然发生在2001年的“安然”事件让美国重新审视股票期权的价值，而且随后发布的规定将上市公司的股权激励支出费用化，挫伤了一些准备实施股权激励公司的积极性，但股权激励作为一种主要的薪酬方式已经被企业所接受，这一点并未受到多大影响。根据天相投资公司的调查，“安然”事件后，美国上市公司中实施股权激励计划仍然超过90%。

股权激励在世界其他国家也得到了较快发展，很多国家也都在大力支持股权激励的发展（见表2-1）。在欧洲，比较典型的国家是英国、法国和瑞士。英国因其金融业比较发达，企业股权激励的发展也非常迅速，股权激励的形式多样化，国家对股权激励的税收扶持力度大。立法对于股权激励的发展很关键，这方面走在前面的是法国和瑞士。法国早在 1970 年便对股权激励进行了立法。瑞士也对股权激励建立了十分完备的法律制度。

表 2－1　　世界各国或地区股权激励的发展情况和政策

国家或地区	发展概况	政策支持
美国	世界上股票期权制度最发达的国家，有多种股票期权及完善的股票期权监督制度	对于激励型股票期权有税收优惠，非法定股票期权则不能享受税收优惠
日本	20 世纪 90 年代通过修改相关法律，促使股票期权制度逐步完善	税收方面的政策与一般国家的政策大致相似，没有明显的优惠
德国	20 世纪 90 年代通过修改《股份公司法》才允许实施股票期权制度，且实施范围不完善	对于典型的股权计划没有明显的税收优惠，因而该国的股票期权制度普及的程度不高
加拿大	股票期权制度系与美国相似，发展比较成熟，会计、税收与其他监管制度比较完备	20 世纪 90 年代末推出有税收优惠的股票期权计划，享受的税收优惠类似于美国激励性股票期权
墨西哥	股票期权制度发展时间较短，发展速度较快	如果股票期权是由墨西哥的上市公司发行，且该股票是在国家确认的交易所内完成，则在出售行权所获得股票时免交资本利得税
哥伦比亚	股票期权处于发展初期，还没有成为重要的激励方式	对员工由于持有外国在哥伦比亚上市交易的股票的期权而获得的收益不征税
巴西	股票期权制度处于发展时期，部分政策还处于变动之中	行权后超过一定时间的股票期权持有人享有一定的税收优惠
智利	20 世纪 90 年代末才开始起步，发展时间很短，政策不完备也不稳定，处于变迁之中	2000 年 5 月 8 日，智利劳动部规定将股票期权收益视为补偿性收入，仅在行权时征收资本利息税

续表

国家或地区	发展概况	政策支持
英国	股票期权种类比较丰富，制度比较完备	如果股票期权计划受到国内税务局批准，行权收益可以获得较大幅度的税收优惠
法国	1970年《商事公司法》即规定了股票期权的实施办法，是世界上股票期权进行专业立法较早的国家之一	如果股票期权计划获得管理部门核准，且员工行权后持有股票超过5年，在出售股票时仅对行权时股价超出行权价的收益部分的40%征工资税
意大利	股票期权制度相对简单，员工持有期权数量一般不超过总资本的10%	取得股票期权的条件比较容易满足，法定股票期权的持有人享有十分明显的税收优惠
西班牙	该国的股票期权制度发展时间短，还在修订之中	对股票期权制度的实施比较支持，有税收优惠
挪威	股票期权制度不发达，股票期权作为有效的薪酬制度在公司中没有获得普及	股票期权的行权收益不视为普通收入纳税，而是视为个人收入纳税，由于挪威的个人收入税的最高税率为49.5%，而普通收入征税的平均率仅为28%，因此该国没有税收优惠
瑞典	1998年7月1日股票期权税收制度确立后，该国的股票期权制度才趋于完善	与其他国家相比，该国对股票期权的税收没有明显的优惠政策
瑞士	有十分完善的股票期权制度	地方政府对于股票期权的实施办法有较强的解释权与执行权，各地具体的政策优惠有一定的差异
比利时	20世纪90年代起步，1999年1月1日起对股票期权制度进行修订、执行新的标准	1999年1月1日之前授予的股票期权按旧的税收标准征税，享有一定的税收优惠，此后发行的期权无该项优惠
丹麦	股票期权制度实施历史较短，但相关制度已初步形成	如果行权后持有股票超过3年再出售，部分资本利得可以免税，剩余的收益按优惠税率收税

续表

国家或地区	发展概况	政策支持
爱尔兰	20 世纪 70 年代末已经开始推行股票期权制度，发展历史较长，员工可获得的股票期权品种较丰富	期权持有人的税收负担较轻，1986 年 4 月至 1992 年 1 月间公司按照税务机关的规定推出的“核准股票期权计划”，可以获得更大的税收优惠
澳大利亚	股票期权制度处于发展时期	股票期权的计税办法比较复杂，如果是“法定期权”，职工可以在获得期权后延迟纳税
新西兰	股票期权制度处于发展时期	对于员工获得股票期权没有特殊的政策优惠，税收方式与一般国家相似
印度	亚洲各国中股票期权发展最为迅速的国家之一，相当部分高科技公司已实行股票期权	对于股票期权计划有明显的政策倾斜与税收优惠
以色列	是亚洲各国中发展股票期权计划较早的国家	尽管以色列规定某些类型的股票期权计划可以获得税收减免，但由于条件苛刻且税收优惠不大，大部分公司实行无税收优惠的股票期权计划
新加坡	股票期权制度发展十分迅速，目前主要授予高管人员，还没有普及至一般员工	1999 年，新加坡修改了征税相关办法，使股票期权行权收益实际税率下降，促进了期权计划发展

资料来源：胡继之、段亚林：《上市公司股票期权制度设计与监管》，深圳证券交易所综合所“深证综研字第 0029 号（2001. 2. 8）”。

在亚洲，走在前面的是新加坡等国以及中国香港和中国台湾。新加坡在对股票期权从税收角度进行支持的力度很大，为此还修改了征税的相关办法。中国香港在 20 世纪 90 年代开始实行股票期权制度，由于政策优惠较大，大部分上市公司都已经推出了自己的股票期权计划，香港特别行政区不征收资本利得税，股票期权计划在香港的实际税率相当低。在 20 世纪 90 年代末，我国台湾地区开始推行股票期权计划，当局为此修订了相关文件，如允许回购等，以方便公司获得股票来源，减少征税环节，降低实际税率。

股权激励发展相对滞后的国家是经济强国日本和德国。这两个国家虽然都是技术立国的制造业强国，但却对发展股权激励并不热衷。日本对员工的激励是本国独具特色的终身雇佣制和年功序列制，但这些制度的激励效果越来越差，所以一些企业也开始了 ESOP（员工持股计划），国家政策虽有扶持，但力度不大。德国的情况类似，德国对股权激励的热情滞后于欧洲其他发达国家，股权激励在德国的普及并不高，而且政府在税收等方面的扶持力度不大。世界各国或地区股权激励的发展情况和决策如表 2－1 所示。

2.2 股权激励在我国的发展概况

我国股权激励的发展是与我国的现代企业制度和资本市场发展相伴而行的，而且其基本特点是沿着产权改革的方向前进。从 20 世纪 80 年代至今，大致经历了内部职工持股、公司职工股、自然人持股、管理层收购（MBO）、股权激励的初步尝试和股权分置改革后股权激励规范化六个发展阶段。作为经济体制转轨国家，这六个发展阶段在时间上部分重叠，但在发展理念的演进上有先后之分，所以这六个阶段更多的是依据股权激励发展理念的演进和股权激励的特征划分的，而不是从时间上严格划分发展阶段。这六个发展阶段的背景和特点如表 2－2 所示。

表 2－2　　中国股权激励的发展阶段和背景特征

时间	激励方式	背景和特征
1984～1998 年	内部职工股	采用向员工定向募集方式，目的是筹集发展资金和提高员工积极性。要求员工持股不能超过总股本的 10%。职工持股并未改善公司的治理结构，对职工的激励作用有限，在 1998 年后被废止
1994～1998 年	公司职工股	在企业上市公开募集股份时，拿出 10% 的股份由员工定向认购。一般 6 个月后便可解禁上市流通。因为解禁后往往会出现抛售行为，损害了上市公司的利益

续表

时间	激励方式	背景和特征
2000 年起	自然人持股	以浙大海纳、用友软件等一批企业为代表。优点是产权清晰；缺点是容易出现“一股独大”，大股东利益与散户利益容易出现矛盾和对立，存在监管和治理上的难度
2002 ~ 2004 年	管理层收购（MBO）	2002 年开始，管理层收购开始在我国出现，主要是为了解决国有企业的所有者缺位问题，但管理层收购中出现了严重的国有资产流失问题，被国资委叫停
2000 ~ 2005 年	股权激励的初步尝试	以上海贝岭、武汉中百为代表，目的是为解决“59 岁现象”和内部人控制等企业治理上的难题，调动企业高管的积极性。由于对股权激励没有统一规范，企业在操作中“个性化”很强，激励效果不一
2006 年起	股权分置改革后股权激励规范化	股权分置改革的成功为股权激励的规范提供了条件，《公司法》和《证券法》的修订为股权激励的规范清除了法律障碍。2005 年 12 月 31 日，证监会发布了《上市公司股权激励管理办法（试行）》，为上市公司股权激励的统一规范发展作出了明确的规定

资料来源：根据相关研究文献整理。

2.2.1 内部职工股

1984 年我国开始尝试股份制改造，为了筹集资金、改善公司的股本结构和调动员工的积极性，内部职工股开始在一些企业中出现。它是股份有限公司按照国家相关规定，采用定向募集方式向本企业员工发行的股票。要求员工的持股总额不得超过企业总股本的 10%。内部职工股不印制股票，而是采用职工股权证方式，限定在企业内部发行和转让。但内部职工股发展并不尽如人意，由于员工持股并不能影响公司决策，因此激励作用有限，而且出现了很多关系股和人情股。内部职工股还引发一些投机行为，交易范围不但突破本企业，甚至在全国范围内都出现内部职工股交易，造成“内部职工股社会化”的问题。意识到问题的严重后，从 1993 年 4 月开始，国家不再审批新的内部职工股企业。

内部职工股在1997年后逐渐演变成“职工持股会持股”。职工持股会是经国家审批成立的公司内部组织，主要是为了规范职工股份管理和加强职工在公司管理中的作用。但是由于职工持股会持股比例偏低，因此在治理中作用很弱，而且在企业中的法律地位也不明确，特别是与工会的关系。在2000年，民政部发文停止审批职工持股会。

内部职工股的退出渠道，一直是在探索中的问题。从1995年10月开始，国家开始规范内部职工股以上市流通方式退出，1995~1998年，出现内部职工股上市流通的高峰，内部职工股逐渐退出了历史舞台。

2.2.2 公司职工股

内部职工股采用定向募集的方式，由于内部职工股和普通股地位不同，在其发展初期不能自由流通，激励效果有限。在内部职工股被取消后，我国开始尝试“公司职工股”的方式。公司职工股是在公司上市伊始，便拿出10%的股本由内部职工认购，而且在上市6个月后便可以解禁交易。由于我国资本市场的一级和二级市场差价巨大，在股票解禁后，职工会大规模抛售股票，对资本市场形成冲击，打压了本企业的股价，损害了企业的利益。另外，从长期激励的角度说，由于员工的利益已经实现，股票的激励作用已经消失，这也不符合企业的利益。这种方式从“外部人”的角度来看，有企业通过这种方式向员工发放福利之嫌，所以1998年11月，中国证监会发文取消了公司职工股这种方式。

2.2.3 自然人持股

2000年前，在我国资本市场中，以自然人持股方式发起的公司只有浙江海纳一家。从2000年1月开始，以自然人发起的上市公司开始加速，先后有天同股份、康美药业、太太药业、用友软件等公司上市。这些公司的控股股东因为都是自然人，成为资本市场中抢眼的公司。作为资本市场中的新生力量，自然人控股的公司有其优点——自然人控股的公司因为不存在所有者缺位问题，其增长欲望和能力要超过国有公司。但自然人控股的公司也出现了其他问题，特别在公司的资本结构上，出现了“一股独大”的现象，如何平衡大股东与社会股东的关系成为一大难题。

2.2.4 管理层收购（MBO）

管理层收购（MBO）出现于20世纪六七十年代的美国，我国在2002年开始，政策上允许对管理层收购进行尝试，重点是为了解决国有企业面临的所有者缺位问题。管理层收购是指管理层通过借贷融资、股权交换等融资方式收购本公司，使自己不仅是公司的管理者而且是公司的投资人，代理人和委托人实现了统一。2003年和2004年是中国管理层收购的大发展时期，很多企业纷纷试水，但也出现了很严重的问题，一些贪婪的国有企业管理者借此机会将国有企业低价变为己有，国有资产流失严重。在2004年8月香港中文大学教授郎咸平指出格林科尔管理层收购中的问题后，管理层收购在社会上引起许多不良反响，所以国资委很快叫停了管理层收购。

2.2.5 股权激励的初步尝试

国有企业中的“59岁现象”“在职消费”和“内部人控制”问题十分严重。为了解决这一问题，股权激励早在1999年便在上海贝岭等几个企业中试点了。但股权激励较大规模的展开是在2000年后，据统计，在2003年年底，约10%的上市公司实施了股权激励制度。

股权激励是一种比管理层收购更为温和的方式，管理层收购是从产权上根本上解决委托代理问题，而股权激励则是在产权不变的情况下，让管理层利益与公司利益挂钩进行激励。股权激励因为不涉及产权转让，所以更易被公众接受。这一阶段的股权激励因为没有统一的法律规范，企业在实施中个性化较强。

2.2.6 股权激励规范化发展时期

2005 年，中国证券史上具有划时代意义的股权分置改革大幕拉开。股权分置改革旨在解决困扰资本市场多年的问题，即股份被人为划分为流通股和非流通股。在股权分置改革的“指导意见”中明确规定，完成股权分置改革的公司将优先安排再融资，并可以实施管理层股权激励。在股权分置改革的同时，2005 年 10 月，新《公司法》和新《证券法》相继通过，在新《公司法》中对上市公司不能收购自身股份进行例外处理，明确规定在上市公司“将股份奖励给本公司职工”时，上市公司可以收购本公司股份。

2005 年 12 月 31 日，中国证监会发布了《上市公司股权激励管理办法（试行）》，并于 2006 年 1 月 1 日起实施。该办法特别强调股权激励的目的是“利于上市公司的持续发展，不得损害上市公司利益”，并对股权激励的操作进行了较详细规定，特别是明确了把限制性股票和股票期权作为主要的股权激励方式。

2006 年 9 月 30 日，国资委和财政部联合发布了《国有控股上市公司（境内）实施股权激励试行办法》，该办法特别强调国有控股上市公司实施股权激励的条件包括“外部董事（含独立董事，下同）占董事会成员半数以上”，以及“在股权激励计划有效期内，高级管理人员个人股权激励预期收益水平，应控制在其薪酬总水平（含预期的期权或股权收益）的 30% 以内”。

2008 年 3 月 17 日，中国证监会发布了《上市公司股权激励备忘录 1 号》和《上市公司股权激励备忘录 2 号》。《上市公司股权激励备忘录 1 号》的内容主要包括："持股 5% 以上的主要股东或实际控制人原则上不得成为激励对象；""公司设定的实行股权激励后的业绩指标原则上不低于历史水平"。《上市公司股权激励备忘录 2 号》内容主要包括："公司根据自身情况，可设定适合于本公司的绩效考核指标，绩效考核指标应包含财务指标和非财务指标；""上市公司监事不得成为股权激励对象"。

2008 年 9 月 16 日，中国证监会发布了《上市公司股权激励备忘录 3 号》，主要内容有："股票期权等待期或限制性股票锁定期内，各年度归属于上市公司股东的净利润及归属于上市公司股东的扣除非经常性损益的净利润均不得低于授予日前最近三个会计年度的平均水平且不得为负；""上市公司董事会审议通过撤销实施股权激励计划决议或股东大会审议未通过股权激励计划的，自决议公告之日起 6 个月内，上市公司董事会不得再次审议和披露股权激励计划草案；""同时采用股票期权和限制性股票两种激励方式的上市公司，应当聘请独立财务顾问对其方案发表意见"。

2.3　本章小结

股权激励在美国最早出现，并且在许多西方发达国家取得了飞速发展。西方国家股权激励发展更多的是基于市场需求和新兴行业的发展，而中国的股权激励在长期的发展中都是作为体制改革和产权制度完善中的一种手段，直到 2005 年股权分置改革完成和相关配套法律出台和修改后，中国基于市场的股权激励才真正诞生。但由于中国股权激励的发展历史较短，它仍然在不断发展和完善中。基于中国的股权激励发展的自身特点，为本书研究的必要性提供了进一步支持。

第3章 股权激励效果相关研究文献综述

股权激励的激励效果总体上可以分为正面效果和负面效果两大类。正面效果的文献主要是指股权激励的激励效应，即股权激励是否激励高管进行正面行动，而行动的结果则是通过公司绩效和市场价值两个方面体现出来。股权激励的负面效果主要体现在股权激励会引发的高管盈余管理和其他自利行为。下面从五个方面梳理股权激励效果的相关文献。

3.1 股权激励决策影响因素和股权激励动机的相关文献

上市公司实施股权激励，受到诸多因素的影响。如信息不对称、公司治理结构、公司规模、流动性限制、政府监管、公司业绩、人才需求、公司成长性、高管年龄等。

Holmstrom 和 Ricart（1986）[9]、Smith 和 Watts（1992）[10]认为，由于存在信息不对称，董事会难以对高管有效监管，这时以上市公司股价表现评价高管能力不失为一个有效路径，由于股权激励与市场表现挂钩，成为董事会监管管理层的一个工具。Lambert 和 Larcker（1987）[11]研究发现，董事会把股价和会计信息作为评价高管表现的两个“轮子”，但当会计信息噪声较大时，股价是评价高管表现的主要方式，此时高管更易得到股权激励。

徐向艺等（2007）[12]研究发现，公司治理结构是影响股权激励实施的重要因素，这与国外 Kerr 和 Kren（1992）[13]研究一致。徐向艺等的研究表明，由于企业的所有权结构决定了对董事会监控的程度，因此由大股东控制的公司可以对管理层更好地节制。两职兼任（董事长兼任总经理）的公司会有更大的权力，更易实施股权激励计划。另外，报酬委员会的人员组成决定了管理层报酬的水平与结构，如果管理层在报酬委员会中有大的影响力，则更易实施对自己有利的报酬方案。

Yermack（1995）考虑了政府监管对股权激励实施的影响，发现受到政府监管的行业不易实施股权激励计划。而刘凤委、孙铮等（2007）[14]通过实证研究发现，中国上市公司的股权激励受到中国特定制度背景下的行业管制和政府干预的影响。

股权激励被认为是一种薪酬支付方式，由于股权激励不需要支付现金，因此对于现金短缺的公司具有吸引力。Fazzari，Hubbard 和 Petersen（1988）[15]及 Yermack（2005），Core 和 Guay（1999）[16]都提出了这一观点。

Chourou 等（2008）[17]研究发现，成长性高的公司更易实施股权激励，因为这类公司由于成长迅速，管理层容易掌握许多影响公司成长机会的私有信息，导致监管难度大，实施股权激励可以节约代理成本。Jensen 和 Meckling（1976）则发现规模越大的公司越易实施股权激励，因为这类公司同样存在监管难度大的问题。

吕长江、严明珠等（2011）[18]研究发现，在市场化发达地区的公司比市场化落后地区的公司更易实施股权激励计划；公司治理不完善的企业更易实施股权激励；民营企业比国有企业有更强的动机实施股权激励。

Lazear（1999）[19]的研究证明，股权激励可以把最优秀的高管筛选出来，因为股权激励促使管理层执行对公司最有利的投资决策，从而保持公司利益与管理层利益一致。Arya 等（2005）[20]研究发现，由于股权激励可以让管理层报酬与能力挂钩，如果公司对管理层的才能了解不够，股权激励的方式可以防止公司支付管理层过高的报酬。

Smith 和 Watts（1982）[21]、Dechow 和 Sloan（1991）[22]均认为股权激励可以激励临近退休高管的视野长期化。一般来说，临近退休的高管更易放弃研发支出和好的投资机会，研发支出会降低当期利润，而投资支出的回报短期看不到，股权激励则可让临近退休高管做出对公司从更长远利益的决策。

有研究认为，股权激励的实施或与避税有关，但由于各国相关规定的差异，是否能真正避税尚有争论。Holland 和 Lewellen（1962）[23]认为股票期权可能在高管和公司之间产生净税赋收益，Smith 和 Watts（1982）强调许多公司是出于避税动机才实施股权激励，但是，Scholes 和 Wolfson（1992）[24]认为，股权激励的综合税赋超过了其他的报酬支付形式。

Hall 和 Murphy（2003）[25]，Ittner，Lambert 和 Larcker（2003）[26]研究认为，股权激励的一个重要动机是吸引和挽留优秀的员工。由于股权激励都有行权期限，在行权期限期间，选择留下的员工可以获利，而离职的员工则会受到利益损失的惩罚。

也有研究认为，股权激励的原因并非为了“激励”，因为激励理论与很多实证研究的结果不一致，故需要其他理论解释，如选择理论（Prendergast，2000[27]、2002[28]；Lazear，2004[29]；Oyer，2004[30]；Oyer and Schaefer，2005[31]；Nagaoka，2005[32]；Tzioumis，2008[33]）。选择理论认为，股权激励是基于员工和企业信息不对称下的一种选择（selection）或分类（sorting）的方法。从企业的角度说，如果公司有很多投资机会，股权激励就能使高管选择风险高获利大的项目；从员工的角度说，选择理论认为股权激励可帮企业选择那些乐观并愿意与企业共担风险的员工。

也有学者认为，股权激励不仅仅是为了解决代理问题，从管理理念角度讲，他让管理者和投资者从雇佣关系变为平等合作关系，成为利益共同体（Haugen and Senbet，1981[34]；Bryan et al.，2000[35]；银路和赵振元，2004[36]；杨国民，2004[37]）。从激励效果来说，从外部激励转化为内在激励，为企业创造利益成为高管内心的目标（John and John，1993[38]；Murphy，2003[39]；谢德仁，2004[40]；黄国安，2004[41]），这使管理层把个人利益最大化和股东财富最大化的目标统一起来（Holmstrom，1979[42]；Muurling and Lehnert，2004[43]）。

张曙光（2003）[44]认为，我国的企业制度中存在着产权不清和激励不足两大弊端。从激励情况来看，我国上市公司激励机制非常扭曲，特别是看重短期激励，忽视长期激励，这不利于企业的长期发展。

3.2　股权激励的激励效应相关文献

激励效应可以通俗地解释为：被激励对象认为回报超过投入而值得付出的一种心态，并由这种心态产生的行动。对于激励效应的测度，可以分为“绩效论”和“动力论”两种。绩效论认为激励效应即绩效，由于行动与结果之间并非简单的因果关系，因此用绩效衡量激励效应存在不足；动力论将激励效应看作一种动力和行动，以激励力量作为激励效应的测量标准，可以通过数学模型进行度量。以上两种观点各有其道理。

Berle 和 Means（1932）[45]首次强调，当上市公司高管持有少量股权时会让他们追求个人利益，但随着其持有股权份额的增加，他们的利益将与投资者趋于一致，偏离股东财富最大化的风险将减轻。

Jenson 和 Murphy（1990）[46]根据 1974～1986 年逾 1000 家公司的数据所作的统计回归结果表明，公司股价每上升 1000 美元，高管财富只增加 3.25 美元，薪酬业绩弹性很低；他们运用 1980～1994 年 426 家公司的数据，将未行权的期权及未出售的股票潜在收益列入薪酬之中，业绩弹性大幅提升，说明股权激励的效用远高于工资和奖金。

Healy（1985）认为，检验股权激励的效应可以从股权激励实施后盈余管理和会计政策的变化入手。如果股权激励产生激励效应，那么管理层将更加注重企业的长期绩效，减少盈余管理行为。顾斌、周立烨（2007）[47]研究发现，我国上市公司高管股权激励中的激励效应并不明显，且在不同行业和不同激励模式下的激励效应差异很大。

Aboody（1996）[48]认为，股权激励可对股票价格产生双重影响：一是稀释效应（dilution effect），即股权激励会对股票价格产生负面影响；二是激励效应（incentive effect），即股权激励对员工可促进员工的积极性，这会对股票价格有正面影响。

Firth等（2005）研究中国大股东控股的上市公司后发现，如果控股股东的背景为国有上市公司，其薪酬和业绩的关联性就不强，而控股股东为自然人的公司，薪酬与公司财富虽正相关但相关系数很低，说明激励效应不大。

李增泉（2000）[49]以1998年上市公司的样本进行分析，以加权平均净资产收益率（ROE）这一指标衡量上市公司的业绩，发现上市公司高管持股与企业的ROE并无显著相关性，从而认为我国上市公司高管持股的激励效应有限。

何凡（2007）[50]研究发现，对于高管股权激励来说，非国有上市公司的激励效应明显大于国有上市的激励效应；国有上市公司实施股权激励后的公司绩效的差异大于非国有上市公司之间的差异，即相比国有上市公司，股权激励对于非国有上市公司更具有一致性；在实施股权激励中，国有上市公司侧重于降低股权集中度，而非国有上市公司则更在意董事会组成和监事会职能。

李乐等（2011）[51]以中国上市公司为样本研究发现，高科技企业与传统企业在股权激励的要素、激励强度和激励结构等方面差异明显。企业自身的经营机构、人际关系等明显不同，这造成不同行业在股权激励方案的安排方面存在差异。

3.3 股权激励对公司绩效或市场价值影响的相关文献

Jensen和Meckling（1976）认为高管持股比例与公司绩效成正

比，高管持股可以让代理成本降到最低，因为高管拥有了公司利益的剩余索取权，可以保持与股东的利益一致。Morck Shleifer 和 Vishny (1988)[52]研究发现，管理层持股在 0 ~ 5% 时，股权激励与公司价值 (Tobin's Q) 间呈正相关，管理层持股在 5% ~ 25% 时，股权激励与公司价值间呈负相关；在管理层持股超过 25% 后，股权激励与公司价值呈正相关。McConnell 和 Servaes (1990)[53]通过对美国纽约证券交易所上市公司研究发现，这些公司的 Tobin's Q 与管理层持股比例呈现明显的曲线关系：在管理层持股比例达到 40% ~ 50% 之间，曲线缓慢向上倾斜，之后曲线向下倾斜。

Fama 和 Jensen (1983)[54]研究发现，管理层持股过高并不能促使更多地为股东利益考虑，因为持股过高会让管理层地位变得稳固，失去了提高绩效的动力和外部并购的压力，从而会损害投资者的利益。

Demsetz 和 Lehn (1985)[55]研究发现，管理层股权激励与会计利润率之间没有显著的相关性。他们认为，公司的利润率受到多方因素的影响，股权激励低或没有股权激励的公司业绩并不一定更差，对股权激励感兴趣的公司多是为了解决监督问题。

Martin 和 Parker (1997)[56]认为，公司业绩与产权的性质之间没有必然联系，而主要与市场竞争程度相关。激烈的市场竞争是促使管理层提高企业效益和效率的主要动力。

Lucian Bebchuk 和 Jesse Fried[57]教授在 2004 年出版的 "*Pay Without Performance*" (《薪酬与业绩无关》) 一书中指出，美国公司的管理者薪酬状况对于投资者来说不是 "最优" 的，因为它们是 "管理者寻租" 的产物。管理者寻租是由于自身过大的权利，薪酬委员会面对管理层时处于弱势，导致管理者薪酬远远超出了其贡献，使激励效果很差。

Chung 和 Pruitt (1996)，Agrawal 和 Knoeber (1996)[58]研究发现，股权激励与公司绩效之间为相互影响、互为因果的关系，即高管股权激励显著地影响公司绩效，公司绩效也对高管股权激励显著影响。

从国内的研究来看，魏刚（2000）[59]研究发现，管理层持股比例与公司绩效不存在显著的相关性。而宋增基、张宗益（2003）[60]的研究支持了这一结论，即管理层持股对公司绩效没有影响。

谌新民、刘善敏（2003）[61]研究发现，管理层持股与公司绩效存在弱相关关系，董事长、总经理两职兼任与公司绩效不具有显著相关性，而实行年薪制的管理层与公司绩效呈弱相关性。

黄慧馨、代冰彬（2005）[62]通过把 1997 ~2001 年的中国高科技企业按照总经理持股和总经理不持股分为两组比较研究后发现，总经理持股的企业的平均总资产收益率和平均净利润要高于总经理不持股的企业，这表明，对于高科技企业而言，股权激励的激励效应明显。黄之骏、王华（2006）[63]研究发现，对高科技企业中的高管股权激励与企业价值之间存在明显的区间效应，即高管股权激励水平与企业价值之间呈倒“U”形关系。

也可以从投资者的角度考察股权激励的激励效应。谢德仁、陈运森（2010）[64]基于股权激励计划的预案研究发现，投资者对于股权激励有正面的反应，且行权业绩条件越高，投资者对于股权激励计划越认可。

3.4　股权激励诱发盈余管理的相关文献

管理层持股可以缓解管理层与投资者之间的利益冲突，减少代理成本（Stulz，1988）。但股权激励却受到公司治理、资本市场和股权激励方案等方面的影响。

有很多文献表明，股权激励会诱发高管的盈余管理行为。Baker 等（2003）[65]对美国 168 家上市公司研究后发现，高管期权收益与盈余管理的幅度具有正相关关系。E. Bartov 等（2004）[66]发现，股票期权在行权前后的业绩水平有异常的表现，在行权后公司的业绩明显下降，这很可能是公司高管利用内部信息进行盈余管理。Wei（2004）[67]对6个年度超过2700家美国公司的行权事件进行研究后发现，盈余管理现象在高管行权前明显存在，而在行权后则大幅减少。Bartov 和 Mohanram（2004）[68]对2001年前10年间1200家美国上市公司研究后发现，由于高管在行权前盈余管理，出现公司业绩在行权之前异常好，而之后则明显变差。Cheng 和 Warfield（2005）[69]对1993年后7个年度的美国1100余家上市公司进行研究后发现，在实施股权激励的公司，高管报告利润大于分析师预测金额的概率越低，则高管进行盈余管理的概率就越大。

也有文献从财务欺诈和财务重述的视角研究高管的盈余管理行为。Johnson 等（2003）[70]对逾2000家上市公司研究后发现，与其他公司相比，出现财务欺诈的公司，其高管财务欺诈当年会执行更多期权，而公司业绩在财务欺诈年份后会出现明显下降。Agrawal 和 Cooper（2006）[71]对1997年后6个年度的500余家存在财务重述的美国公司与配比公司比较后发现，公司高管在错报财务数据期间会出售股票。Cheng 和 Farber（2008）[72]对2001年前五个年度289家有过财务重述的美国上市公司研究后发现，在公司财务重述后的两年内，高管薪酬中的期权比例明显下降，说明股权薪酬是公司盈余管理的重要因素。Erickson 等（2006）[73]对美国50余家因财务欺诈而被起诉的公司和其配比公司比较研究后发现，股权薪酬对股价的敏感性与财务欺诈并没有显著相关性，说明高管并不能以财务欺诈方式盈余管理，进而获取收益。Burns 和 Kedia（2004）[74]研究发现，上市公司管理层的期权对股权的敏感度与错误性报道的倾向呈高度相关。

Goldman 和 Slezak（2006）[75]的研究表明，股权薪酬既可以激励高管努力工作，也可以诱发盈余管理，且当盈余管理给高管带来的成本比收益足够小时，股权激励与盈余管理程度正相关。Peng 和 Roell

(2008)[76]对1996年后7年间遭到股东起诉的美国2507家上市公司研究后发现，期权报酬与盈余管理程度显著正相关，期权报酬越多则高管遭到股东起诉的概率就越大。Cornett等（2009）[77]对1994年后跨度9年的美国大银行持股的公司研究后发现，授予高管的期权金额占薪酬比率与盈余管理显著正相关。

Healy（1985），Gaver等（1995）[78]的研究表明，高管盈余管理水平取决于股权激励条件和高管风险偏好等因素。高管如果做最大限度的盈余管理，公司业绩仍达不到获取股权激励的最低业绩条件，那么高管会选择向下的盈余管理来调低公司利润；如果在高管盈余管理前的利润超过股权激励要求最低门槛，那么高管会选择向下的盈余管理调低公司利润。

向显湖、钟文（2010）[79]发现，在不完善的资本市场条件下，股权激励会引发盈余管理。解决这一问题的办法除了完善资本市场外，还需要确认企业高管的人力资本产权，让高管享受到人力资本产权收益。

3.5 股权激励方案设计中的高管自利性相关文献

Bebchuk等（2002）[80]，Bebchuk和Fried（2003）[81]研究发现，由于股权激励方案一般由高管主导，致使股权激励的方案一般对高管有利，而且高管权力越大，股权激励方案对高管越有利。Tian(2004)[82]研究也表明，对高管的股权激励不但不能起到激励效果，还会被高管所利用，成为高管自利行为的手段。Arnold和Gillenkrich(2002)[83]研究发现，上市公司对高管实施股权激励会影响公司的分红水平，这可能是因为高管担心分红会影响其期权的价值。

Murphy（1999）[84]在研究许多美国上市公司高管薪酬设计流程后

指出，尽管美国上市公司的薪酬委员会通常有 2 ~ 3 个外部董事，且有关高管薪酬的重要决策必须经过薪酬委员会批准，但是该委员会并不参与高管薪酬最初方案的制定，这些薪酬方案一般都是人事部门制定后交给高管修改，这一决策过程表明，高管在股权激励方案设计中有很大的影响力。

业绩考核指标往往是股权激励方案设计的核心环节，其是否合理将直接影响股权激励的效果。Murphy（1999）在对美国 177 家上市公司激励计划中的业绩考核体系研究后发现，逾 1/3 的公司仅使用单一业绩考核指标（如 ROE、ROA、净利润），大部分公司仅采用会计业绩指标，而且其中以绝对指标居多，并没有与同行进行比较参照。Johnson（1999）[85]对很多公司采用绝对指标而不采用相对指标提出了批评，他指出，这种考核方法使很多企业能“搭牛市顺风车”，会印证巴菲特的那句名言“在牛市中即使一只瘦鸭子也能浮得很高”，从而让无能的高管也能不劳而获。

周建波、孙菊生（2003）[86]在对股权激励实施前后不同授予对象和不同激励模式下的每股收益进行实证研究后发现，上市公司控股股东选派的董事比例和股权激励业绩正相关；董事长、总经理两职合一的公司与实施股权激励后业绩正相关。从而得出，上市公司高管是理性自利的“经济人”，有能力通过各种合法手段（包括股权激励手段）为自己谋利。

吕长江等（2009）以 2005 ~ 2008 年四年间中国 A 股上市公司公布股权激励计划的草案研究后发现，中国上市公司股权激励计划方案既存在激励效应又存在福利效应。他们的研究表明，上市公司应该对激励条件进行完善，以增强股权激励的效果。

吴育辉、吴世农（2010）[87]研究了 82 家中国 A 股上市公司的股权激励计划草案，发现在绩效指标设计中存在着明显的自利行为，他们提出应以“创值原则”和“现金原则”设计股权激励计划的方案，这样才能更好地保护投资者利益。

张海平、吕长江（2011）[88]基于盈余管理视角，发现一些实施股权激励的公司高管为了从股权激励中谋利，利用资产减值影响会计收益。他们认为股权激励本质上是股东与管理层之间一种基于公司绩效表现的薪酬契约，由于会计盈余对高管股权收益形成影响，高管会利用各种可能的途径为自己谋利。

3.6 本章小结

文献回顾是从五个方面展开的，比较全面地回顾了股权激励效果的国内外研究成果，为股权激励效果相关研究勾勒出了清晰轮廓，这为本书后面的研究进行重要的文献铺垫。在后面的研究中，还会对涉及文献进行详细阐释。从前述的文献回顾来看，股权激励的效果涵盖的方面很广，而且对其的研究结论也是百花齐放、观点不一。特别是本章选定的几个研究角度——股权激励实施的市场效应、股权激励决策的影响因素、股权激励设计中的自利行为等方面，虽然成果众多，但研究上并没有统一的观点，因此，非常有进一步研究的必要。

第4章　股权激励的效果界定及影响因素

4.1 相关概念界定

4.1.1 上市公司高管

顾名思义，上市公司高管是指上市公司的高级管理人员，高管作为上市公司的管理层，负责执行上市公司董事会的决定，并负责上市公司的日常运营。上市公司的高管主要包括总经理（首席执行官）、副总经理、财务总监（总会计师）、总经济师、总工程师等企业高级管理人员。本书把“高级技术人员”列入上市公司高管的范畴，因为在中国A股上市公司的股权激励中，往往把“高级技术人员”也作为激励对象。如不特别说明，本书中所称的“管理层”“管理者”“经营者”与本书界定的“高管”含义相同。

4.1.2 股权激励

Core，Guay 和 Larcker（2002）[89]将股权激励定义为管理者股票价格相关财富的变化。根据《上市公司股权激励管理办法（试行）》的规定，股权激励是以公司股票为标的，对公司的董事、监事、高管、核心技术人员等进行的长期激励方式。股权激励旨在使被激励对象能够与公司利益共享、风险共担，减少或消除短期行为，最终达到公司股东财富最大化的目标。

4.1.3 股权激励的主要方式

（1）股票期权。它是公司授予被激励对象在规定的时间内以确定的价格购买确定数量的本公司股票的权利。这种权利并不带有强制性，它既可以行使，也可以放弃。股票期权是被运用最广泛的股权激励方式之一。

（2）限制性股票。它是公司授予被激励对象一定量的股票，但股票不同于普通股，这种股票会受到很多限制，有时也需要支付一定数量的货币购买。在被激励对象完成业绩指标并达到其他条件后，激励对象可以出售它而获利。

（3）股票增值权。它是公司授予被激励对象的一种权利，这种权利与股价挂钩，在股价上升后，可以通过行权获得股价升值收益，被激励对象无需支付现金，行权后可以获得现金或同等价值的股票。

（4）虚拟股票。它是公司授予被激励对象一种“虚拟的”股票，它不同于普通股票，没有普通股本身的投票权，也不能出售股票，而是只能获得股票升值的收益，虚拟股票会在被激励对象离职后失效。

（5）延期支付。激励对象部分薪酬会被公司扣留存入公司特定账户，这些钱以当日的股价折算虚拟购买公司股票（并不是真的购买），在激励对象退休或合同期完成后，则再以当时的股价虚拟卖出公司股票，将净值支付给高管。延期支付相当于拿高管部分薪酬投资本公司股票，如果股价上升，高管投资受益，如果股价下跌则会蒙受损失。

（6）业绩股票和业绩单位。业绩股票是并不与股价挂钩的支付方式，在高管完成预定目标后，公司会根据其业绩表现授予一定数量的股票，作为对高管的一种奖励或薪酬支付方式。业绩单位与业绩股票类似，区别在于业绩单位是高管完成目标后，会被授予一定数量的现金。

4.2 股权激励的理论基础

4.2.1 经济学中的相关理论

（1）“经济人”理论。

“经济人”理论是西方经济学的理论基础。经济学的开山鼻祖亚当·斯密在其著作《国富论》中指出：“人是为自身利益而工作的，在自利的同时才能利他”，这是“经济人”理论的雏形。后来“经济人”理论得到了发展和完善，甚至整个西方经济学都是以此理论为基本假设。“经济人”理论把人看作是一种天生自利的“理性人”，是做任何事情都会以自身利益为依归的“经济动物”。所以“经济人”在面临各种选择机会时，他会选择能使自己利益最大化的机会。他的选择是根据成本收益的原则，只有收益减成本的值最大化时，它才能产生激励作用。因此，根据“经济人”的观点，上市公司若要提高高级管理人员的工作积极性，一方面需要加强外部监管和约束机制；另一方面也需要对高管进行物质激励，这是上市公司实施股权激励的重要理论基础。

（2）委托—代理理论。

委托—代理是现代企业治理中的基本特征，委托人和代理人构成了代表不同利益的两个层面。在现代企业的经营委托代理可以说无处不在，但较重要的委托代理关系当属股东大会与董事会，以及董事会与管理层之间的委托代理关系。如果把董事会称为治理层，那么管理层和治理层之间的关系是现代企业中最重要的一对代理关系。因为治理层由股东大会选出，他们代表股东的利益，而管理层则是以 CEO 为代表的企业高管，他们负责企业的具体经营，并对经营的效果承担责任。治理层与管理层之间的目标并不完全一致，治理层代表股东的利益，其目的是股东财富最大化，而管理层的目的则是最大化个人利益，他们更关注的是从企业经营中获得多少经济利益和荣誉，会把经营企业当作谋求个人利益的一种手段。由于管理层负责企业的具体经营，除非重大事项，治理层并不直接参与，两者之间存在信息不对称现象，这给了管理层利用职务便利为个人谋取利益的机会。对管理层进行股权激励的目的就是希望最大限度地消除信息不对称。有时也有管理层和治理层人员重叠的情况，该现象就好比“左手管右手”，会消减股权激励的效果，股权激励很可能成为管理层自利的工具，股权激励非但不能解决委托代理问题，其本身也成为委托代理问题的一部分。

（3）管理层权力理论。

Bebchuk 和 Fried（2003）[90]提出了管理层权力论，也称为管理层寻租理论。这仍是基于公司治理中出现缺陷提出的理论，在董事会独立性不强而不能有效监督管理层时，会造成管理层的权力过大，形成内部人控制的情况。管理层的权力越大，为自身谋取能力就越强，制度对管理层的约束也会越差。管理层利用超常的权力为自身谋利的本质上是一种寻租行为，他们为自身谋取利益的方式包括降低业绩考核标准、推出自利性的薪酬方案或股权激励方案等。管理层利用权力谋私利也不是没有限度的，因为他们也怕自身的过头行为引起股东的“公愤”，不但得不到期望的利益，反而损害其声誉。因此，管理层的寻租行为常常披上合法的外衣，其实质仍是为私利而损害股东的利益。管理者权力理论表明，股权激励因为事关企业高管的利益，也有可能被管理层操纵，作为谋利的工具。

（4）经理人市场理论。

公司治理是从企业的内部出发对管理层的约束，而建立经理人市场则是从外部对管理层的约束。经理人市场理论最初是指对 CEO 这种最顶层经理人的约束，不妨推而广之，包括其他高管成员在内的管理层其实都会受到外部市场的制约。企业经营的成败不仅关乎企业的命运，也会与自身前途和命运联系起来。管理层如果对企业倾力付出，取得出色的业绩，就可以在企业内部取得职位升迁和利益回报，但是如果因自身的不够努力而让企业经营失败，自身将不得不担负声望受损和另谋职位的风险。而建立经理人市场就是要把个人的声望与职业发展联系起来，对企业来说，可以在经理人市场找到比现有更合适的管理层成员，这对现有的管理层是一种无形的压力，而经理人市场对经理人的声望测评机制也会让其不敢在职位上玩忽职守，而是怎样努力为股东创造价值，以图在经理人市场提升个人的市场价值。经理人市场也是对经理人身价的定价场所，对管理层的股权激励也是承认管理层的才能，对其合理定价的一种方式。

4.2.2 管理学中的相关理论

激励理论可划入管理学中的管理心理学的范畴，在管理心理学中，不仅把人看作一个“经济人”，而且从人的心理和行为角度出发，讨论人的心理如何影响人的行为问题。管理心理学把激励看成是“持续激发动机的心理过程”，认为激励水平的高低将直接影响到被激励对象的行为方式。经过多年的发展，管理学中的激励理论主要包括多因素激励理论、过程激励理论、行为改造理论和综合激励模式理论等。

多因素激励理论：从人的心理需求角度形成的激励理论，它重在从激励因素的具体内容上进行研究。其代表理论主要包括需要层次论（A. Maslow，1954）[91]、ERG 理论（Alderfer，1972）[92]和成就需要理论（D. C. McClelland，1961）[93]。

过程激励理论：主要从研究人的行为目标和动机形成而产生的激励理论。其代表理论主要包括期望理论（V. H. Vroom，1964）[94]、公平理论（J. S. Adams，1963）[95]和综合型激励理论（L. Porter，

1968)[96]。

行为改造理论：认为激励的目的是要改造和修正人们的行为方式。其代表理论是操作条件反射理论（B. F. Skinner，1965)[97]，该理论认为人的行为是对外部环境刺激反应的结果，只要改变外部的环境条件，人的行为也将随之改变。

Robert House（1971)[98]将以上理论综合，提出了综合激励模式理论。该理论充分考虑了以上几类理论提到的各种因素，认为激励力量的大小为众多因素综合作用的结果。

管理学中的主要理论及其观点如表 4－1 所示。

表 4－1　　　　管理学中的激励理论

提出者	理论名称	主要观点
美国心理学家 A. Maslow	需要层次论	人的需要可以从低到高分为五个层次，分别是生理上的需要、安全上的需要、情感上的需要、尊重的需要、自我实现的需要
美国耶鲁大学教授 Alderfer	ERG 理论	根据实证研究结论，他重组了马斯洛的五层次理论，把人的需要分为三个层次：生存需要、相互关系需要、成长需要。这三个层次没有等级差别
美国心理学家 D. C. Mclelland	成就需要理论	人的基本需要分为三种：成就需要、权力需要和归属需要，其中只有成就需要才可称为激励企业家的真正动力
美国心理学家 V. H. Vroom	期望理论	认为人的行为都蕴含着一定的目标，可用 $F = V \times E$ 的公式来表示，其中 F 表示激励力度，V 表示目标达成后的效用，E 表示实现目标的概率
美国心理学家 J. S. Adams	公平理论	认为人们总是将自己所做的贡献和所得的报酬，与自己条件相当的人比较，从比较中获得满足或不满足，这一理论往往适用于中低层管理者
美国经济学家 L. Porter	综合型激励理论	根据人们的行为动机和目标设置，将个人需要与工作目标结合起来，就能充分调动被激励对象的主观能动性

续表

提出者	理论名称	主要观点
美国心理学家 B. F. Skinner	操作条件反射理论	认为人的行为是外部环境刺激的反应，激励的目的是要改造和修正人们的行为方式。只要创造外部的操作条件，人的行为就会随之发生改变
加拿大经济学家 Robert House	综合激励模式理论	通过一个公式综合了上述几类激励理论，充分考虑了内外激励因素。Robert 的公式说明了任务本身绩效的内激励作用，突出了完成任务内在的期望值与绩效

资料来源：根据相关研究文献整理。

4.3 股权激励效果含义的界定

本书认为，股权激励的效果包括两层含义。一是客观上股权激励引发的经济后果，这种经济后果包括企业会计指标的变化和企业股价的持续变化等，这种经济后果往往反映了股权激励的客观作用，一般只有在相当长的一段时间内才能体现出来；二是指股权激励引发的各种利益相关者的反应，如投资者的反应、管理者的反应等。在本书中，对于股权激励效果的研究，主要是指第二层含义。利益相关者的各种反应也当看作是股权激励效果的重要部分，完全可从利益相关者的“行为”中反映股权激励的效果如何。本书涉及的利益相关者主要是指上市公司的投资者和管理者，因为他们是上市公司两个最重要的利益相关者。投资者和管理者对于股权激励的态度，往往影响到股权激励的最终经济后果——即第一层含义。因此，本章的具体研究内容如下：

（1）投资者对股权激励的态度。

投资者对于股权激励的态度，可以分为长期（理性）和短期（感性）两种情况。投资者对股权激励的长期反应往往是在股权激励对企业业绩产生影响之后的，由于在股权激励实施后，企业的业绩发生变化总会需要一段时间，企业的业绩表现可以让投资者有更充分的信息判断激励效果，并反映在股价的变化上，所以投资者的这种反应是比较理性的。而投资者对于股权激励的短期反应则是股权激励方案发布前后的一两天内，这是“第一时间”的反应，往往带有很强的感性成分，这可以反映投资者对于上市公司股权激励方案的认可程度，可称为股权激励发布的市场效应。在下面的第 5 章中，将对股权激励方案发布的市场效应进行研究，看投资者“第一时间”对股权激励方案的发布是否积极回应，如果有积极回应，则表明上市公司投资者欢迎上市公司的股价激励计划，积极回应的程度都会在上市公司股价上体现出来。

（2）管理者对股权激励的态度。

从前面可知，管理者对股权激励的态度，也可反映股权激励的效果。本章从两个角度探讨管理者对于股权激励的态度。

一是探讨在股权激励的决策中，管理者究竟扮演了何种角色。根据管理者权力理论，上市公司的管理者会利用各种制度上的漏洞为自身谋利，这可能也体现在对于上市公司股权激励的决策上。股权激励作为上市公司治理的一种手段，是否选择进行股权激励，应体现为管理层与治理层一种博弈结果，而不是主要由管理者单方主导的结果。因为管理者本身就是股权激励的激励对象，在股权激励决策中如果管理者的参与度过大，则上市公司将更易选择股权激励计划。在本书的第 6 章中，将对管理者权力在股权激励中扮演的角色进行检验，其研究结论将一窥中国 A 股上市公司股权激励决策的动机。

二是在股权激励方案的制定中，管理者扮演了何种角色。在本书的第 6 章中，对管理者权力在股权激励决策中扮演何种角色进行了探讨。本书第 7 章将在第 6 章的基础上，继续探讨管理者对股权激励的态度。在第 7 章中，仍就基于管理者权力理论，探讨股权激励方案的制定中是否存在自利行为，这种自利行为是否与管理者权力存在密切的相关性，即管理者权力的大小是否影响高管自利性的程度。

4.4 股权激励发挥效果的影响因素

4.4.1 股权激励的作用机理

在不同的激励方式下，股权激励的作用机理可能有一些差异，但总体上都是通过影响被激励对象的心理，进而影响被激励对象的行为，行为可以影响公司业绩；公司业绩表现将对公司的股价产生直接影响，即会影响股东财富。以股票期权为例，其激励作用在两条路径下产生：第一条是通过影响激励对象的心理完成，第二条是公司股价的市场表现完成。这两条路径联系十分紧密，股权激励促使激励对象产生动力，从而提升公司业绩，如果市场能对公司业绩变化有效反应，将会体现在股价上，股价的上升将会让激励对象获益。当然，如果激励对象很努力，但股价表现并不好，也会影响激励对象的心理，减弱激励效果，如图 4－1 所示。因此，股权激励产生好的效果也是有条件的，从两条路径来看，一条路径是与市场条件有关，另一条与公司治理条件有关。

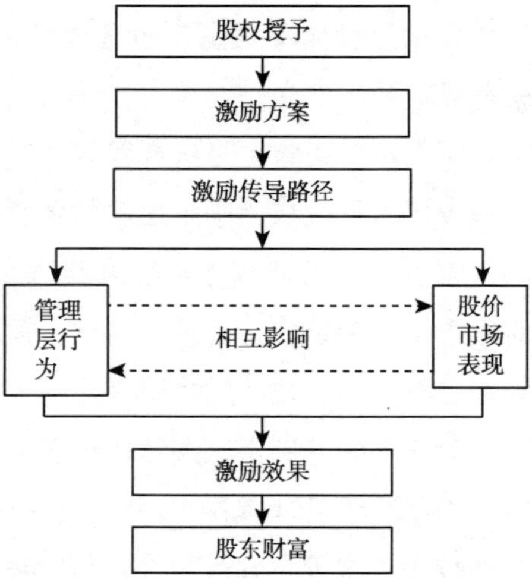

图 4－1　股权激励的作用机理

4.4.2　股权激励发挥效果的市场条件

由于股权激励一般都是与资本市场股价挂钩发挥效果，而只有在有效的资本市场中，股价才能充分反映企业的经营信息，因此，资本市场的有效性成为影响股权激励效果的重要因素之一。

有效资本市场理论是现代证券市场理论的基础，它是由 1900 年前后的"随机游走"（random walk）理论发展而来。美国学者 Fama（1965[99]，1970[100]）在对众多资本市场理论进行系统研究后，提出了效率市场假说（efficient market hypothesis）。他认为，如果资本市场上的信息是开放且可以自由交流和竞争的，即所有投资者都可以获得市场上对股价影响的有效信息，那么股票价格就可以充分反映各种信息最终博弈后的结果。在这样的市场中，投资者并不能获得超额收益，而只能获得市场的平均收益率，这就是一个完全效率的资本市场。完全有效资本市场的重要条件是投资者交易是无费用的，且投资者获得信息是无成本的，因此，这样的市场在现实中是难以成立的，但它提供了一个资本市场的理想境界。

资本市场的信息可分为公开信息、历史信息和内部信息。根据这些信息对股价的影响程度，资本市场效率可以分为弱势有效市场、半强势有效市场和强势有效市场三种。

（1）弱势有效市场（weak-form）。

在弱势有效市场中，股价反映了上市公司所有过去与公司股价相关的信息，如成交信息、融投资信息、财务信息等。因为历史信息已经公开，其已经失去了价值，投资者不能通过历史信息获得超额利润。在弱势有效市场中，基于历史信息的技术分析将丧失作用，但仍可通过分析上市公司当前基本信息获得超额利润。

（2）半强势有效市场（semistrong-form）。

在半强势有效市场中，上市公司过去的历史信息和当前信息都已经公开并且被市场充分吸收，股价正确反映了上市公司基本价值。投资者既无法通过历史信息，也无法通过当前公开的公司信息获得超额利润。基于历史数据的技术分析和基于当前信息的基本分析都将失去作用，而只有内幕消息才能获得超额利润。

(3) 强势有效市场 (strong-form)。

在强势有效市场中，上市公司股价反映了全部与上市公司相关的信息，包括没有公开的内幕消息。因此，在强势有效市场中，投资者既不能通过历史信息、公开的当前信息获取超额利润，也无法利用内幕信息获得超额利润，因为内幕消息在强势有效市场中会迅速泄露并马上反映到市场价格中。在强势有效市场，技术分析和基本分析都将无效，内幕交易也将无效。

4.4.3 股权激励发挥效果的公司治理条件

上市公司实施股权激励是为了解决公司治理中的难题——委托代理问题，可以说，公司治理是股权激励的目标。而股权激励要发挥其效果，却也需要一些公司治理条件为前提的，这些公司治理条件影响了股权激励最终效果。

(1) 完善的公司治理结构。

公司的治理结构由股东大会、董事会、监事会和经理组成。公司的治理结构本质上是一系列的委托代理关系或合约关系，不同的权力主体在这个体系中分别扮演不同的角色。公司的股东大会是公司的最高权力机构，对公司拥有最终控制权和决策权；董事会是公司决策机构，向股东大会负责，执行股东大会做出的决议；监事会也是向股东大会负责，对董事会和管理层的行为进行监督；经理对董事会负责，主持公司的日常经营活动。只有以上四个权力主体在法定范围内各司其职、各负其责、相互制衡时，公司的经营才能有效率。

（2）董事会在公司治理结构中核心作用。

董事会是公司治理结构的核心，董事会的董事组成往往决定了董事会代表谁的利益。相对于股权集中的公司，股权分散公司的经理往往拥有的更大权力，此时经理人的代理成本更大，中小股东期待通过选举的董事会对经理人的权力进行监督。Fama（1980）[101]将董事会称为企业的最高控制系统，认为运行良好的董事会比低效率的董事会更能为企业创造业绩。Fama 和 Jensen（1983）认为，董事会是企业剩余索取权的控制者，它的功能通过决定公司战略和重大决策，以及减缓股东与管理层间因为信息不对称导致的摩擦而发挥的。Johnson（1986）[102]将董事会功能概括为“控制、服务和资源依赖”。控制是指对管理层的控制；服务是指对管理层提出发展和管理建议；资源依赖是指利用各种资源为企业创造持续竞争力。

Jensen（1993）[103]认为，美国在过去20年中公司治理的问题主要在董事会，主要是董事会的规模过大造成董事会治理失效，他的研究表明，当董事会的人数超过7个或8个时，董事会便会被首席执行官控制，董事会的运行功能将下降。Monks 和 Minow（1995）[104]年研究表明，大规模董事会虽然让监督管理层的人数更多，但也造成了形式主义、决策迟缓和思维固化等问题。董事会一般有外部董事和内部董事组成，外部董事通常有更强的独立性和监督作用，但董事长兼任CEO的公司往往在选择外部董事时有重大影响（Hermalin and Wasbach，1988）[105]。特别是在CEO成为董事会提名委员会成员时，会任命更多的“灰色外部董事”。

（3）独立董事制度的独特作用。

独立董事制度最早出现于20世纪30年代的美国，美国在1940年的《投资公司法》中规定：在投资公司的董事会组成中，应包括不低于40%的外部独立人士。Tricker（1978）[106]研究指出，独立董事不仅应是“非执行”董事和独立于管理层，而且应在董事会在发挥主导作用，这样才可把管理层的信息和专业优势以及独立董事的独立客观性结合起来。Brown 和 Maloney（1999）[107]的研究表明，独立董事制度是有效的，特别是在企业经营困难时期，独立董事更倾向于保护投资者利益，在投资者利益得不到有效保护时，独立董事会选择“用脚投票”（辞职）。

Lee 和 Wyatt（1999）[108]研究表明，独立董事在上市公司的管理中，还发挥着顾问和咨询专家的作用，独立董事的建议会让企业获得明显的超额收益。

至于独立董事为何能发挥作用，Fama（1980）认为是因为独立董事是有地位的人士，独立董事中存在一个外部声誉市场，独立董事的行为受到了声誉市场的约束。Borokhovich，Parrino 和 Trapani（1996）[109]也同样认为，独立董事会尽力维护自身良好声誉，意在提高其在人力资源市场的价值。但 Donaldson 和 Davis（1994）[110]却有不同的观点，他认为独立董事制度未必比内部董事组成的董事会更有效率，因为这不符合掌握最全面信息决策最佳的基本原则。Holmstrom（1999）[111]也有同样的研究发现，他指出，独立董事受到了声誉的约束这一点并没有在实证研究中得到证实。Perry（1999）[112]的研究也发现，与其说独立董事在乎自身市场声誉，不如说更在乎与 CEO 保持良好关系这一“声誉”，因为 CEO 对于独立董事的选任往往有很大的决定权。

（4）经理人市场的约束作用。

经理人市场可以衡量上市公司高管的市场价值，衡量标准以其素质和能力、过往经营业绩、工作态度及个人声誉。对于私营上市公司高管来说，经理人市场是其主要约束机制，影响着上市公司高管的行为。股权激励的有效性其实是内在物质利益激励和外在制约机制平衡作用的结果。经理人市场会根据经理人的表现对其价值进行评定，将尽职、有能力、勤勉和经营业绩佳的经理人与懒惰、不尽责和敬业业绩差的经理人区分开，表现太差的经理人甚至会被逐出经理人市场。所以经理人市场从根本上起到了缓解股东与经理人矛盾和冲突的作用

（郑贤玲，2003）[113]。

国有企业的经理人比较特殊，国有企业的经理人因为往往是体制内的人，所以其发展前途受经理人市场的影响较小。另外，国家虽然是名义上的出资者，但却并不存在真正意义的“委托人”，所以国有企业的经理人受到的外在约束较小。Shirley和Walsh（2000）[114]从监督机制、合同约束等几个方面对国有企业治理中的消极作用进行了总结。他们认为，国有企业的特殊性在于“股东”特殊性，它的股东虽然包括全民，但却没有任何一个公民可对上市公司高管进行有效监督，公民将权力授予官员又多了一层代理关系，但这层代理关系也是无效的，官员并无动力代表全民监管国有资产。因此，经理人市场对于国有企业经理人来说是无效的。

（5）公司控制权市场的约束作用。

公司控制权市场是指公司的控制权发生转移的市场。在西方发达国家，特别是英美两国，存在完善和活跃的控制权市场。它是建立在资本市场成熟、股权集中度分散的基础上的。而对于我国的资本市场中，一是资本市场并不完善，二是上市公司的股权集中度比较高，所以公司控制权发生转移的可能性低。如果公司控制权发生转移，便意味着公司的人权和财权发生了转移，在公司控制权转移后，利益受到威胁最大的首先是企业的管理层，因为管理层此时往往会成为被调整的对象。根据Martin和McConnell（1991）[115]的研究，在企业被并购后的三年内，其61%的经理遭到更换，而不并购的公司三年内只有21%的经理被更换。

4.5　本章小结

（1）对本书研究内容进行了界定，股权激励效果涵盖的方面很多，但本书主要是股权激励对投资者和管理者这两个利益相关者的影响，即投资者和管理者对股权激励持何种态度。对投资者来说，主要是投资者对于上市公司发布股权激励计划是否欢迎；对于管理者来说，主要是管理者权力因素对股权激励决策和股权方案设计的影响。后面将从这两个角度进行实证研究。

（2）股权激励若要发挥其效果，需要以有效的资本市场和完善的公司治理为条件。前面提及的弱势有效市场、半强势有效市场和强势有效市场三种情况，如果是在弱势有效市场中，由于弱势有效市场只能把过去的历史信息传导到股价上，而不能把企业现时的信息传导到股价上，所以在股权激励后即便对公司业绩产生影响，也很难在股价上得到体现。另外，股权激励的公司治理条件说明，股权激励发挥效果并不是无条件的，它需要上市公司治理的建设和完善为条件。

（3）需要特别说明的是，即便前面提及的市场条件和公司治理条件全都具备了，股权激励也未必能达到预期效果。Hall 和 Knox（2002）[116]研究发现，即便在美国 1999 年牛市高峰，也有约 1/3 的股票期权成为贴水期权。另外，股权激励在不同行业及同种行业的不同发展阶段的效果也是不同的，股权激励主要适用于高成长性、处于发展初期的新兴产业，因为这些产业未来高风险和高收益并存，而缺乏现金奖励公司骨干。股权激励并不适用于处于成熟期的夕阳产业，因为在这类企业中，通过个人努力改善公司业绩的空间有限。

第5章　股权激励实施的市场效应研究

5.1 理论分析和研究假设

5.1.1 理论分析

心理学认为，人的大脑是一个简单的“刺激反应器”，人的大脑在接收到外界信息后，会做出一种自然的反映，心理学研究是就是刺激与反应之间的规律，这是行为学派心理学家的基本观点。但是这种观点有一定局限，就是无法解释人为何能选择和适应外界信息。认知心理学出现之后，这一问题迎刃而解。认知心理学认为人的大脑不仅是一个简单信息反射器，也是一个信息加工系统，信息的加工包括感知输入、变换、简化及加工、存储、使用的过程。信息加工的工程也就是认知的过程。由于人的认知是随着时间逐渐积累起来的，但人的大脑的反应却是基于自身认知的最后结果。认知心理学让“学习”变得很有必要，并对经济学中的“经济人”做了理论上的支持。

研究股权激励的市场效应，可以把股权激励作为上市公司的一个事件进行研究，看这一事件信息的发布会引起投资者如何反应。投资者的反应会反映在股价的异常波动上，如果投资者认可股权激励，股价一定会在股权激励信息的公告日异常升高，投资者会得到超出正常的收益率，出现“超额收益率”，如果股价没有异常波动，说明股权激励这一事件并未引起投资者关注。

事件研究是国外比较成熟的研究方法，被广泛应用于与公司事件相关的研究中，如财务报表发布、公司并购、资产重组等事件。其原理就是选择公司某一个特定时间，分析这一事件前后的“窗口期”内是否出现股价和收益率异常波动。投资者的反应说明了对股权激励的态度。事件研究法中有两个重要的指标：一个是平均超额收益率（AAR），另一个是累计超额收益率（CAR），用来度量投资者对于事件的异常反应程度。

事件研究法最早由 Fama 等在 1969[117] 年提出，但最早将事件研究法应用于股权激励研究的是 Brickley 等（1985）[118]，他们在研究了美国 175 个股权激励方案后，发现在股权激励事件的公告日，并没有显著的超额收益率。Core、Larcker（2002）[119] 在研究了美国上市公司高管股权激励计划后，也得到了没有显著超额收益率的结论。也有很多研究支持了股权激励计划会得到投资者的积极回应。Bhagat 等（1985）[120] 在研究了美国一些上市公司的员工持股计划后，发现在事件公告日市场的反应非常积极。Defusco（1990）[121] 在研究了 537 家上市公司的 641 起股权激励方案后，发现在事件日当天存在微弱的超额收益率。Hideaki Kiyoshi Kato 等（2005）[122] 研究了美国上市公司高管股权激励后发现，在事件（－5，＋5）的窗口期内，投资者获得了超过 2% 的超额收益。

也有学者研究美国之外其他国家市场的股权激励的市场反应。比较典型的有，Kato 等（2005）[123] 对日本市场的研究，在研究了 562 个股权激励计划后，发现在事件窗口期（－2，＋2）内有约 2% 的累积超额收益率；Christian Langmann（2007）[124] 在研究了德国 44 个股权激励计划后，发现在事件日当天有 1%～2% 的超额收益率；Ikäheimo 等（2004）[125] 在研究了芬兰 71 家公司的股权激励计划后，发现在事件日当天和之后的几天市场都作出了积极的回应。

总结以上文献可以说明，作为一个事件，股权激励计划具有明显公告效应，资本市场和投资者会有一定的反应，大多数的研究中都认为资本市场会做出积极的反应。

5.1.2　研究假设

根据前面的文献，世界上很多国家的投资者对于股权激励都能有积极的回应。中国的上市公司存在治理不完善的问题，证监会发布股权激励计划，其动机也是能促进上市公司加强治理，企业高管能真正为投资者谋利。企业的股权激励计划被证监会批准也说明企业符合相关规定，这也是公司未来前景看好的一个信号，中国的投资者也理应能对此做出积极的反应。基于此提出假设 H5－1。

H5－1：股权激励事件日前后，投资者会出现积极的反应。

在 2005 年 7 月 1 日至 2012 年 12 月 31 日期间，中国 A 股上市公司有 419 家公布股权激励计划预案的公司，大多数公司采用了股票期权的方式，也有少数公司采用了限制性股票和股票增值权的方式（见表 5－1）。根据李曜在 2008 年[126]的研究，由于股票期权的社会认知度较高，股权激励采用股票期权方式，应该会比限制性股票产生更大的市场反应。基于此提出假设 H5－2。

H5－2：股票期权的激励方案会比非股票期权激励方案有更强烈的市场效应。

表 5－1　　　　公布预案公司股权激励方式分布

激励方式	数量	比例
期权	264	63.01
股票	148	35.32
股票增值权	7	1.67
合计	419	100

在股票期权激励方案的设计中，证监会规定激励期限不能少于 1 年和超过 10 年。一般认为，股票期权激励期限越长，表明管理层对未来更有信心，这种信息也会传递给投资者，所以激励期限越长，投资者可能会有更为积极的回应，即有更强的市场效应。从 2005 年 7 月 1 日到 2012 年 12 月 31 日，A 股公司实施股权激励计划的 419 家公司有 407 家明确了股权激励期限（见表 5－2），其中选择 5 年的最多，5 年也是全部期限的中位数，我们把全部 407 家公司按照大于 5 年（period > 5）和小于 5 年（period < 5）分为两组，并提出假设 H5－3。

表5－2　　　　公布预案的公司行权期限分布表

期限	数量	比例
5	171	42.01
4	156	38.33
6	33	8.11
3	14	3.44
7	11	2.70
10	10	2.46
8	9	2.21
2	2	0.49
1	1	0.25
合计	407	100

H5－3：激励期限大于5年的上市公司比小于5年的上市公司会有更强的市场效应。

业绩条件是否量化，表明了管理层对于股权激励的认真态度，业绩条件量化的公司（ROE、ROA和其他数字指标）则可操作性强，更有说服力，业绩条件没有量化的公司则难让投资者信服股权激励的性质是激励还是福利。业绩条件量化是指业绩条件用明确的数字指标来表示。在实施股权激励计划的419家上市中，共有279家上市有明确的量化业绩指标，占实施股权激励计划上市公司的66.5%。经统计，在279家有明确业绩量化的公司中，涉及的具体量化指标很多（见表5－3）①，本章对涉及的具体量化指标分别用大写英文字母表示。一般来说，清晰的量化业绩考核指标更易赢得投资者的信任。基于此提出假设H5－4。

H5－4：业绩条件量化的股权激励方案比没有量化的股权激励方案会有更强的市场效应。

---

① 见附录一，本书列示了业绩条件量化的公司的具体量化指标；见附录二，为没有量化业绩指标的公司（附录一和附录二的公司数量合计为419家）。

表 5-3　　业绩条件量化公司的具体量化指标和代码

代码	具体量化指标	代码	具体量化指标
A	净资产收益率	L	（平均）主营业务收入（利润）增长率
B	加权平均净资产收益率	M	扣除非经常性损益的净利润复合增长率
C	扣除非经常损益的加权平均净资产收益率	N	利润总额（EBIT）增长率
D	净利润增长率	O	营业收入绝对值
E	扣除非经常性损益后净利润增长率	P	研发费用增长率
F	净利润绝对值	Q	每股收益（每股收益增长率）
G	扣除非经常性损益净利润绝对值	R	产品销量（收入）绝对值
H	净利润复合增长率	S	产品销量（收入）增长率
I	净利润平均复合增长率	T	现金营运指数
J	营业收入增长率	U	经营性净现金流绝对值
K	营业收入复合增长率	W	公司总市值增长率

注：279 家公司用到的具体量化指标请参见附录一。

5.2　研究设计

5.2.1　样本选择和窗口期

本章采用沪深 A 股上市公司 2005 年 7 月 1 日至 2012 年 12 月 31 日期间公布股权激励预案的 419 家上市公司为样本。股权激励上市公司的基本数据来自 WIND 数据库，关于股票交易收益率、指数收益率的数据来自 CSMAR 数据库。

对于事件窗口期，本章以股权激励预案公布日为事件日，用 t 来表示（即 t=0），时间分别用“-n”和“+n”来表示。窗口期是表示t日前后的时间段。为了更充分地观察窗口期内的市场反应，本章设（-20，+20）、（-20，-1）、（-10，-1）、（-5，-1）、（-2，0）、（-1，+1）、（-2，+2）、（0，+2）、（0，+5）、（0，+10）、（0，+20），共11个窗口期。其中（-2，0）、（-1，+1）、（-2，+2）、（0，+2）这四个窗口期为观察事件市场反应的关键窗口期。

5.2.2 模型设计

对于事件研究，可选择的模型有市场调整法、均值调整法、CAPM方法和市场模型法，这些方法的区别主要在于个股实际收益率的确认，虽然市场模型法是确认个股收益率的较成熟的方法，在西方发达国家市场多有采用，但因为我国的资本市场并非有效市场，这一方法在我国的适用性并不强（陈汉文、陈向民，2002）[127]。而且，根据J. 威斯通（2000）[128]的研究，以上四种方法最终算出的结果相似。因此本章采用了市场调整法。本章以上证综合指数收益率为正常收益率，以个股当天的实际收益率减去正常收益率，作为当天的异常收益率，再根据前面确定的窗口期，计算出特定窗口内累计异常收益率CAR。模型如下：

（1）计算个股异常收益率：

$$AR_{it} = R_{it} - \hat{R}_{it} \tag{5-1}$$

（2）计算平均超额收益率：

$$AAR_t = \frac{1}{N}\sum_{i=1}^{N} AR_{it} \tag{5-2}$$

（3）计算累计超额收益率：

$$CAR_{t1,t2} = \sum_{t=t1}^{t2} AAR_t \tag{5-3}$$

在以上模型中，R_{it}表示第 i 公司第 t 日的股票收益率，$\hat{R}_{it}$为基于上证指数计算的第 i 家公司第 t 日的股票正常收益率；AR_{it}表示第 i 家公司第 t 日的异常收益率；N 表示样本上市公司的数量；AAR_t表示样本上市公司第 t 日的平均异常收益率；$CAR_{t1,t2}$表示全部上市公司在［t_1，t_2］窗口期内的异常收益率。

5.3 实证检验

为了证明前面提到四个假设，本章以 T 检验方法来检验样本均值是否显著异于 0。根据事件研究法的基本思想，如果事件的发生对市场没有影响，投资者没有做出回应，那么在任一时点的 t，事件窗口期内样本的平均异常收益率 AAR，应该服从均值为 0 的正态分布。同样道理，在窗口期内两个时点之间，累积异常收益率 CAR 的均值也必服从均值为 0 的正态分布。因此，本章通过检验 t 时点的平均异常收益率 AAR 和累计异常收益率 CAR 是否显著异于 0，来确定股权激励对市场和投资者是否有影响。根据前面的表述，本章将对窗口期内所有样本进行检验，然后再分别按照期权和非期权，激励期限大于 5 年和小于 5 年，以及激励业绩条件是否量化，用这三个分类标准分别进行检验。

5.3.1 H1 的检验与分析

为了验证假设 H5－1，本章计算了股权激励预案公布日前后 20 天的超额回报率。如图 5－1 所示，在预案公布的前 4 天开始，股价出现了显著的超额变化。样本的平均超额收益率在－3 天开始显著大于 0，而窗口［－2，0］之间的平均超额回报有了明显的大幅增加（预案公布日甚至接近 1%）。如表 5－4 所示，在－1 日和 0 日的平均超额收益都在 1% 的水平上显著为正，这表明投资者对股权激励方案做了积极的回应。再看累计超额收益率，如图 5－1 所示，在时间日前后 20 天内，累计超额收益率 CAR 一直是持续增加，且在窗口期［－4，0］之间有一个明显的向上变化，在公告日的 20 天后，累积超额收益率超过了 2%。这说明，股权激励计划能带来正面的市场反应。如表5－5 所示，在所有窗口期内，除了［－20，－1］之间的 CAR 值在 5% 的水平上显著大于 0 外，其他窗口期都是在 1% 的水平上显著大于 0。基于以上，H5－1 得到了验证。

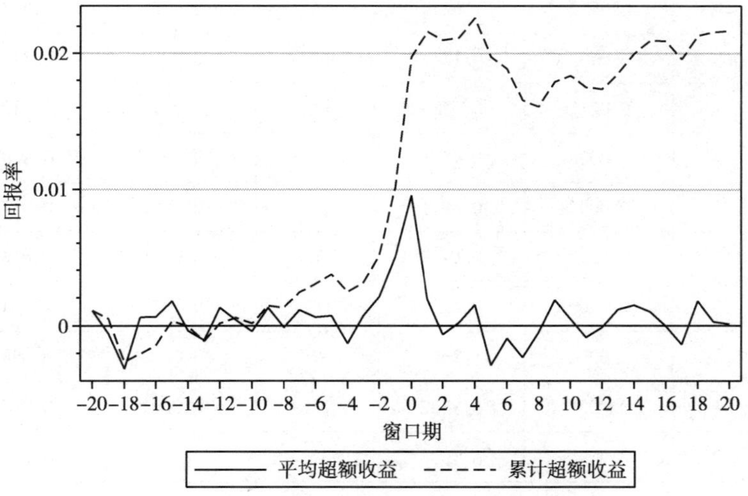

图 5－1　股权激励预案公告的超额回报率

表 5－4　股权激励公告日窗口期每日平均超额收益及 T 检验

窗口	均值	T 检验	窗口	均值	T 检验
－20	0. 0010	0. 7511	1	0. 0018	1. 4842
－19	－0. 0005	－0. 3146	2	－0. 0006	－0. 5175
－18	－0. 0031	－1. 5541	3	0. 0001	0. 1469
－17	0. 0006	0. 449	4	0. 0014	1. 1112
－16	0. 0006	0. 3435	5	－0. 0028	－1. 5843

续表

窗口	均值	T 检验	窗口	均值	T 检验
-15	0.0017	1.3623	6	-0.0009	-0.6703
-14	-0.0003	-0.3042	7	-0.0022	-1.7736
-13	-0.0010	-0.4992	8	-0.0004	-0.361
-12	0.0012	0.9147	9	0.0018	1.3073
-11	0.0003	0.2719	10	0.0004	0.3031
-10	-0.0004	-0.2167	11	-0.0008	-0.5679
-9	0.0012	1.0379	12	-0.0001	-0.0871
-8	-0.0001	-0.1287	13	0.0011	0.6264
-7	0.0011	0.5784	14	0.0014	1.079
-6	0.0006	0.4118	15	0.0009	0.7082
-5	0.0007	0.3041	16	-0.0001	-0.0137
-4	-0.0012	-0.6478	17	-0.0013	-0.682
-3	0.0006	0.4125	18	0.0017	1.223
-2	0.0020	1.168	19	0.0002	0.1982
-1	0.0050	3.3552***	20	0.0001	0.0691
0	0.0095	5.1038***			

注：*、**、*** 分别表示在10%、5%和1%的水平上显著（双尾检验）。

表5-5　股权激励公告日窗口期区间累计超额收益及T检验

窗口期	CAR	T 检验
[-20，-1]	0.0014	2.2035**
[-10，-1]	0.0032	3.7121***
[-5，-1]	0.0049	3.5252***
[-2，0)	0.0076	3.0477***
[-1，1]	0.0171	4.8492***
[-2，2]	0.0155	4.6747***

续表

窗口期	CAR	T 检验
[0，2]	0.0207	37.7747***
[0，5]	0.0209	46.0279***
[0，10]	0.0194	30.6644***
[0，20]	0.0196	48.2964***

注：*、**、*** 分别表示在 10%、5% 和 1% 的水平上显著（双尾检验）。

5.3.2　H2 的检验与分析

如图 5－2 所示，在窗口期［－20，＋20］内，采用期权激励公司的 AAR 和采用非期权激励方式的 AAR 都在 0 上下波动，但期权激励公司 AAR 在［－2，0］之间，有一个明显的向上变化，在 0 日的平均超额收益率甚至达到了 1.5%，但非期权激励的公司在此期间却没有任何异常波动。如表 5－6 所示，实施股票期权公司的 AAR 在－1 日和 0 日的平均超额收益都在 1% 的水平上显著为正，但是非股票期权激励的公司－1 日和 0 日均不显著。如图 5－3 所示，在预案日的前后 20 天内，除了在－20 日，实施股票期权公司的 CAR 与实施非股票期权公司的 CAR 有交点外，此后分化为两条不同的曲线，实施股票期权激励公司的 CAR 在 0 以上波动，呈现上升的趋势，而实施非股票期权激励公司的 CAR 基本上在 0 以下波动，总体没有明显的变化，在预案日后甚至有向下的趋势。基于以上分析，实施股票期权激励的公司比实施非股票期权激励的公司有更明显的市场效应，投资者更为看好股票期权激励的公司前景。因此，H5－2 得到了验证。

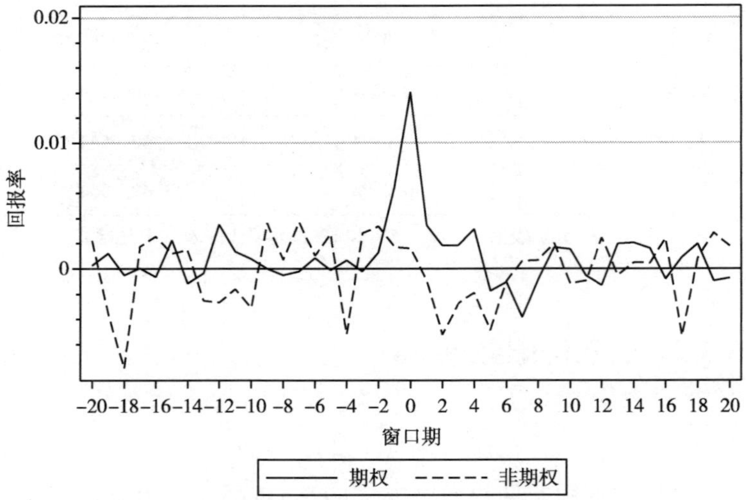

图 5-2　期权与非期权平均超额回报率差异

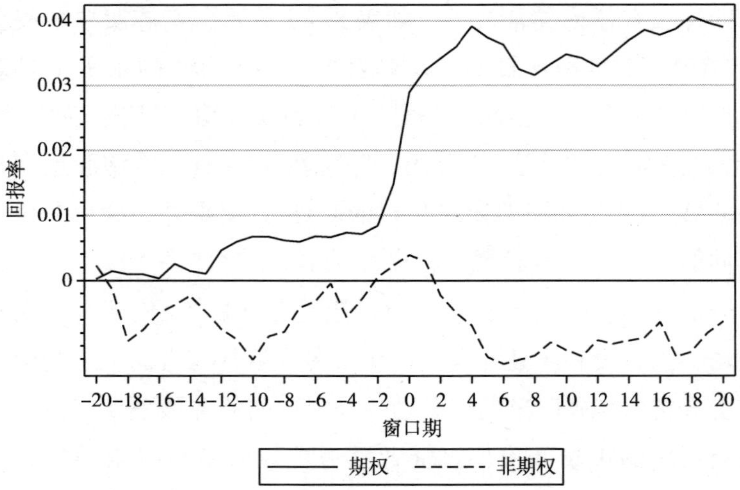

图 5-3　期权与非期权累计超额回报率差异

表 5-6　期权激励与非期权激励日平均超额回报率的差异

窗口	期权		非期权		窗口	期权		非期权	
	均值	T 检验	均值	T 检验		均值	T 检验	均值	T 检验
-20	0.0002	0.1425	0.0022	0.8931	1	0.0034	2.0086**	-0.0009	-0.5097
-19	0.0011	0.825	-0.0035	-0.8028	2	0.0018	1.0821	-0.00528	-2.8826***
-18	-0.0004	-0.3182	-0.0079	-1.5962	3	0.0018	0.9985	-0.0027	-1.409
-17	0.0000	0.0225	0.0017	0.7491	4	0.0031	1.7602*	-0.0019	-1.0192
-16	-0.0006	-0.2601	0.0025	1.2696	5	-0.0017	-1.1864	-0.0048	-1.0979
-15	0.0022	1.3578	0.0011	0.5932	6	-0.0010	-0.6445	-0.0009	-0.4171
-14	-0.0011	-0.7588	0.0014	0.7003	7	-0.0038	-2.6275***	0.0005	0.2408
-13	-0.0003	-0.2025	-0.0025	-0.5094	8	-0.0008	-0.5109	0.0006	0.3135
-12	0.0035	2.0516**	-0.0026	-1.1273	9	0.0016	0.8835	0.0020	1.0127
-11	0.0013	0.8362	-0.0016	-0.5652	10	0.0015	0.7487	-0.0011	-0.5566
-10	0.0007	0.5008	-0.0031	-0.6792	11	-0.0005	-0.2728	-0.0009	-0.4224
-9	0.0000	0	0.0036	1.679*	12	-0.0013	-0.6618	0.0024	1.0585
-8	-0.0005	-0.3213	0.0006	0.3791	13	0.0019	0.9984	-0.0005	-0.1417
-7	-0.0002	-0.0853	0.0036	1.7307*	14	0.0020	1.1699	0.0004	0.2331

续表

窗口	期权		非期权		窗口	期权		非期权	
	均值	T 检验	均值	T 检验		均值	T 检验	均值	T 检验
-6	0.0008	0.4459	0.0010	0.4509	15	0.0016	0.8994	0.0004	0.2139
-5	-0.0001	-0.03	0.0027	1.2722	16	-0.0007	-0.231	0.0024	1.1711
-4	0.0006	0.3875	-0.0052	-1.094	17	0.0008	0.3549	-0.0053	-1.576
-3	-0.0002	-0.0998	0.0028	1.296	18	0.0019	1.1618	0.0008	0.3152
-2	0.0012	0.4917	0.0033	1.913**	19	-0.0009	-0.5889	0.0028	1.2112
-1	0.0064	3.2722***	0.0017	0.7815	20	-0.0007	-0.4287	0.0017	0.7819
0	0.0140	5.8715***	0.0016	0.5569					

注：*、**、*** 分别表示在 10%、5% 和 1% 的水平上显著（双尾检验）。

5.3.3　H3 的检验与分析

如图 5 −4 所示，在窗口期［−20，+20］内，采用行权有效期大于 5 年（Period >5）和行权有效期小于 5 年（Period <5）的 AAR 都在 0 上下波动。在［−2，0］间，双方均有一个向上的波动，但 Period >5 的公司波幅更大，超过了 0.01，Period <5 的公司波幅不到 0.01。再看表 5 −7，Period >5 的公司在 1% 的水平上显著大于 0，而 Period <5 的公司在 5% 的水平上显著大于 0。因此，虽然，双方差距并不明显，但 Period >5 的公司比 Period <5 的公司 AAR 显然更大。再看双方的 CAR，图 5 −5 显示了双方的曲线波动频率类似，而且在［−2，0］只有都有一个明显的向上变化，但也能明显看出，Period >5 的公司曲线一直在 Period <5 的曲线之上，因此，前者的 CAR 也大于后者。基于以上，H5 −3 得到了验证。

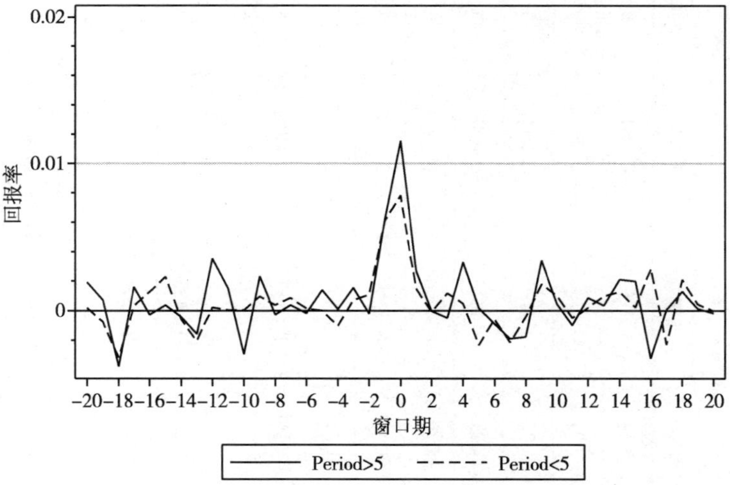

图 5 −4　激励期限 5 年以上和 5 年以下平均超额回报率差异

表 5 -7　激励期限 5 年以上和 5 年以下的股票日平均超额回报率及 T 检验

窗口	period > 5		period < 5		窗口	period > 5		period < 5	
	均值	T 检验	均值	T 检验		均值	T 检验	均值	T 检验
-20	0.0054	1.7112*	-0.0002	-0.0946	1	0.0038	1.3257	0.0006	0.3085
-19	0.0004	0.1393	-0.0024	-0.6256	2	-0.0034	-1.0846	-0.0015	-0.8071
-18	-0.0028	-0.9197	-0.0021	-0.9776	3	-0.0046	-1.7209*	0.0012	0.5323
-17	0.0021	0.4873	-0.0008	-0.4727	4	0.0064	2.085**	-0.0012	-0.5558
-16	-0.0026	-0.9906	0.0019	0.5388	5	-0.0055	-1.7983*	-0.0074	-1.8781*
-15	-0.0010	-0.3209	0.0037	2.0015**	6	-0.0024	-0.617	-0.0008	-0.4454
-14	0.0007	0.2393	-0.0002	-0.1312	7	-0.0029	-0.9281	-0.0028	-1.4497
-13	0.0039	0.9111	-0.0002	-0.0805	8	-0.0007	-0.2493	0.0014	0.7103
-12	0.0064	1.701*	-0.0021	-1.0431	9	0.0019	0.5694	-0.0005	-0.2433
-11	0.0022	0.6483	-0.0012	-0.5029	10	-0.0023	-0.9029	0.0005	0.1688
-10	-0.0025	-0.6423	0.0034	1.876*	11	-0.0024	-0.632	-0.0005	-0.2391
-9	0.0029	0.8811	-0.0002	-0.1486	12	-0.0016	-0.4467	-0.0015	-0.6142
-8	-0.0027	-0.8451	0.0000	0.0208	13	0.0019	0.6273	0.0023	0.9585
-7	0.0023	0.7794	0.0022	1.0737	14	0.0023	0.6631	0.0004	0.2215

续表

窗口	period > 5		period < 5		窗口	period > 5		period < 5	
	均值	T 检验	均值	T 检验		均值	T 检验	均值	T 检验
-6	0.0028	0.8315	0.0018	0.8684	15	0.0047	1.511	-0.0004	-0.2443
-5	0.0043	1.3534	-0.0002	-0.0738	16	-0.0141	-1.2811	0.0047	1.9428 *
-4	-0.0025	-0.841	-0.0033	-0.8259	17	0.0032	1.0347	-0.0034	-1.0626
-3	0.0006	0.1876	-0.0005	-0.1767	18	-0.0000	-0.009	0.0024	1.0104
-2	0.0066	2.0878 **	0.0054	3.07 ***	19	-0.0005	-0.1585	0.0004	0.2526
-1	-0.0002	-0.0786	0.0033	1.4623	20	0.0007	0.2238	0.0005	0.2172
0	0.0179	3.2506 ***	0.0065	2.2692 **					

注：*、**、*** 分别表示在 10%、5% 和 1% 的水平上显著（双尾检验）。

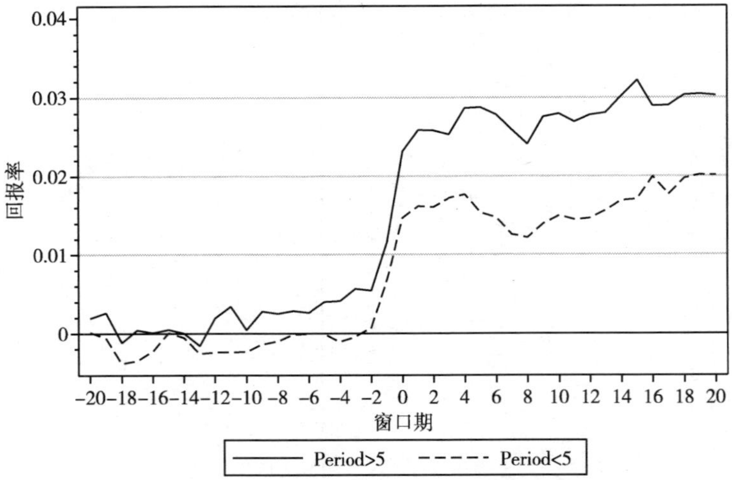

图 5-5　激励期限 5 年以上和以下累计超额回报率差异

5.3.4　H4 的检验与分析

如图 5-6 所示，在窗口期［-20，+20］内，业绩条件量化的公司的 AAR 和业绩条件不量化公司的 AAR 都在 0 上下波动。在［-2，0］之间，业绩条件量化的公司有一个明显的向上波动，AAR 甚至接近 1.5%，而业绩条件不量化的公司并没有向上的波动，在［-2，+2］间，甚至有明显的向下趋势。这表明业绩条件量化公司的股权激励计划更为投资者看好。如表 5-8 所示，在 -1 日和 0 日，业绩条件量化的公司均在 1% 的水平上显著大于 0，而业绩条件不量化的公司在 -1 日和 0 日的平均超额收益率均不显著。如图 5-7 所示，业绩条件量化的公司与业绩条件不量化的公司除在 -20 日有相交外，以后分化为两条趋势不同的曲线，业绩条件量化的曲线在 0 以上呈现向上增加的趋势，而业绩条件不量化的曲线基本在 0 以下徘徊。而且在 0 日之后，业绩条件量化的公司与业绩条件不量化的公司分别是向上和向下，趋势十分明显，表明业绩条件不量化公司的股权激励并没有得到投资者很好的回应。因此，H5－4得到了验证。

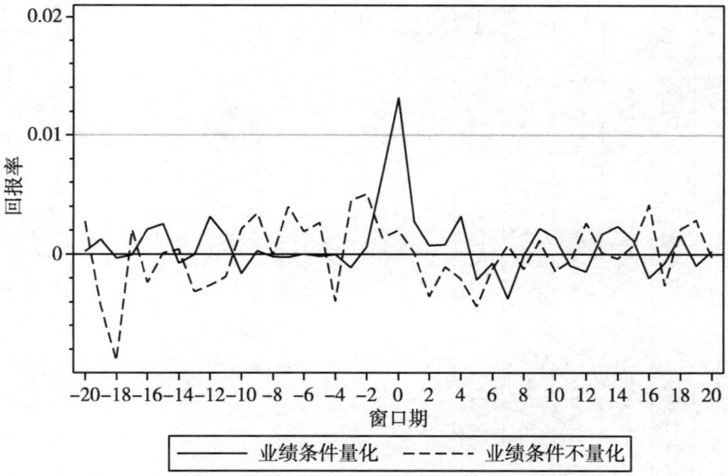

图5－6　业绩条件是否量化的平均超额回报率差异

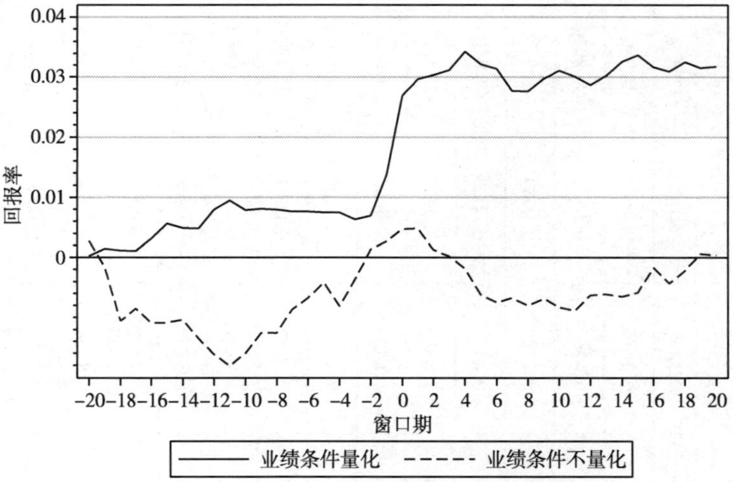

图5－7　业绩条件是否量化的累计超额回报率差异

表 5-8　业绩条件量化和不量化的股票日平均超额回报率及 T 检验

窗口	业绩条件量化		业绩条件不量化		窗口	业绩条件量化		业绩条件不量化	
	均值	T 检验	均值	T 检验		均值	T 检验	均值	T 检验
-20	0.0002	0.1616	0.0027	0.9461	1	0.0027	1.6491	0.0001	0.0684
-19	0.0012	0.926	-0.0043	-0.8949	2	0.0007	0.4578	-0.0035	-1.6572
-18	-0.0003	-0.2389	-0.0089	-1.6528	3	0.0008	0.4758	-0.0010	-0.4647
-17	-0.0000	-0.046	0.0020	0.8505	4	0.0031	1.8487*	-0.0020	-1.0588
-16	0.0020	1.3766	-0.0023	-0.5212	5	-0.0021	-0.4748	-0.0044	-0.9145
-15	0.0025	1.6424	0.0000	0.0434	6	-0.0037	-2.7209**	-0.0012	-0.479
-14	-0.0007	-0.5024	0.0004	0.1892	7	-0.0001	-0.061	0.0007	0.2753
-13	-0.0000	-0.0257	-0.0031	-0.5902	8	-0.0001	-0.061	-0.0012	-0.5913
-12	0.0031	1.9821**	-0.0026	-0.9642	9	0.0021	1.2126	0.0011	0.5175
-11	0.0014	0.9752	-0.0018	-0.6078	10	0.0013	0.719	-0.001	-0.5978
-10	-0.0016	-0.6393	0.0021	0.8537	11	-0.0009	-0.5758	-0.0005	-0.1931
-9	0.0002	0.1894	0.0034	1.4898	12	-0.0014	-0.7771	0.0026	1.0209
-8	-0.0002	-0.1354	-0.0000	-0.0244	13	0.0016	0.8798	0.0001	0.0292
-7	-0.0002	-0.0992	0.0039	1.6638*	14	0.0023	1.4411	-0.0003	-0.1573

续表

窗口	业绩条件量化		业绩条件不量化		窗口	业绩条件量化		业绩条件不量化	
	均值	T 检验	均值	T 检验		均值	T 检验	均值	T 检验
-6	0.0000	0	0.0018	0.7331	15	0.0011	0.6358	0.0007	0.3164
-5	-0.0001	-0.0561	0.0026	1.1961	16	-0.0020	-0.6303	0.0041	1.6251
-4	-0.0000	-0.0043	-0.0039	-0.8316	17	-0.0007	-0.3313	-0.0026	-0.668
-3	-0.0011	-0.5218	0.0045	1.8305 *	18	0.0015	0.9946	0.0021	0.718
-2	0.0006	0.2595	0.0050	2.4558 **	19	-0.0009	-0.6107	0.0028	1.1503
-1	0.0067	3.8119 ***	0.0013	0.4878	20	0.0002	0.1544	-0.0002	-0.0968
0	0.0131	5.7674 ***	0.0019	0.6267					

注：*、**、*** 分别表示在 10%、5% 和 1% 的水平上显著（双尾检验）。

5.4 本章小结

股权激励是否存在市场效应，是股权激励效果的重要体现。本书通过对沪深A股上市公司在2005年7月1日到2012年12月31日期间的419家上市公司实证研究后发现，以股权激励预案公告日为事件日，在公告日前后-2日到0日之间，无论是平均超额收益率AAR还是累计超额收益率CAR，都显著大于零，说明股权激励预案得到了投资者的积极回应，表明中国A市场的投资者对于股权激励持正面态度。

更重要的实证发现是，不同的股权激励方式可能会引发投资者不同的反应，在［-2，0］之间，股票期权激励公司的AAR和CAR都大于非股票期权激励公司的AAR和CAR；不同的行权期限也会引发投资者不同的反应，大于5年的公司AAR和CAR均优于行权期限小于5年的公司；行权业绩条件的差异也会引发投资者不同的反应，本书选择的“业绩指标量化”和“业绩指标不量化”来区分行权业绩条件的差别，行权业绩指标量化的公司明显优于行权业绩指标不量化的公司。以上研究表明，上市公司在设计股权激励方案中，不仅要慎重选择股权激励方式，认真比较各种股权激励方式的优劣，而且在股权激励方案的设计中，要对行权期限和行权业绩条件予以重视。

第6章　股权激励决策的影响因素研究

6.1 理论分析与研究假说

6.1.1 管理者权力与股权激励决策

上市公司股权激励决策究竟是受哪些因素的影响，为什么在所有上市公司中只有一部分选择股权激励？而其他上市公司没有选择股权激励？根据前面提到的管理者权力理论，在公司治理存在缺陷的企业，往往会使管理者权力过大，这为管理者寻租为自身谋利提供了可能，这可能是公司选择股权激励计划的重要原因。因此，管理者权力与股权激励决策之间的关系是本章的研究重点。

本书将管理者权力以管理者的八个特征变量表示：管理层年龄（Age）、管理层薪酬（Top_pay）、董事长是否领薪（Salary）、第一大股东持股比例（Boss）、高管持股比例（Top_share）、最终控制人性质（Control）、内部董事比例（Inside_d）、董事长与总经理职位是否两职合一（Unity）。

根据 Lewellen 等（1987）[129] 的研究，临近退休者往往存在短视现象，对当前利益更为偏好。Yermark（1995）[130]、Tzioumis（2008）研究也认为，股权激励是一种长期激励，对年轻的高管更有吸引力，而对临近退休者难以产生激励作用，年轻的高管看重企业的成长，希望从成长中获利，更倾向于权益薪酬，而临近退休者则更倾向于现金薪酬。临近退休者倾向当年利益在我国也同样适用，前面提到的“59 岁现象”就是一个例证。基于此提出假设 H6－1。

H6－1：上市公司的高管平均年龄越年轻则更倾向于选择股权激励。

前面的文献回顾中提及，在美国股权激励实施的一个重要因素就是避税，在中国的股权激励中也同样适用，高管的薪金薪酬过大，则股权激励会成为一种避税途径。基于此提出假设H6－2。

H6－2：上市公司高管的薪金薪酬越高越倾向于选择股权激励。

董事长在企业领取薪酬，表明董事长参与企业管理，一定程度上会与企业的高管层成为利益共同体，董事会的独立性会下降，监督高管的能力会减弱。董事长和总经理两个职位合一也是同样道理，意味着上市公司的董事长已经转化为公司的高管。基于此提出假设H6－3和假设H6－4。

H6－3：上市公司董事长领取薪酬的公司更倾向于选择股权激励。

H6－4：董事长、总经理两职合一的公司更倾向于选择股权激励。

第一大股东持股比例反映了股权集中度的问题和对企业的控制能力问题。La portal等（1999）[131]经过对27个国家和地区研究后发现，在多数国家中，如果股权集中度高就会导致大股东控制。美国企业的股权集中度都比较分散，所以股东对董事会的约束力有限，这让代理成本很高，股权激励是降低代理成本的有效方式。中国的上市公司有所不同，第一大股东控股是普遍的现象，可以对董事会有效控制，进而对高管有效监督。Bertrand和Mullainathan（2000）[132]研究发现，在石油行业中，与外部大股东持股比例低的企业比，外部大股东持股比例高的企业高管薪酬相对更低。Holderness（2003）[133]认为，外部大股东对企业的监督便于对企业的长期激励，外部大股东持股比例越高对企业管理层的约束能力越强。基于此提出假设H6－5。

H6－5：第一大股东持股比例越高，上市公司选择股权激励的动机越弱。

前面文献回顾中提及，对于高管持股，国外文献有两种不同的说法：一种是高管持股会让高管与股东利益一致；另一种是高管持股比例越大，可能会造成“经营者防御”的情况，形成内部人控制。中国的上市公司因为存在治理缺陷，高管持股比例越大，越可能让高管的权力增大，形成内部人控制的情况。青木昌彦（1995）[134]认为，在转轨国家的企业中，很容易出现“内部人控制”现象。基于此提出假设 H6－6。

H6－6：高管持股比例越高，上市公司选择股权激励的动机越强。

最终控制人的性质可以分中央政府、地方政府、高校等机关事业单位控制和自然人两种。最终控制人的性质决定了委托—代理的有效性，以自然人控制的企业相比国有企业更有动机通过股权激励降低代理成本。而国有企业实施股权激励往往引起更多的公众关注，而且国有企业经营兼有利润和政治的双重目标，利润受到国家政策的影响。Vernon（1981）[135]认为，国有企业往往为国家政策服务，这与股东利润最大化的目的相抵触，利润最大化也非国有企业最重要目标。Mak（2001）[136]认为，国有企业更易得到贷款而不用担心资金问题，而国有企业的性质让其被并购的压力很小，国有企业生存压力和发展压力相对来说更小。基于此提出假设 H6－7。

H6－7：最终控制人为国有企业相比自然人控制的企业股权激励动机更弱。

根据西方的公司治理理论，独立董事是完善上市公司治理的重要手段，美国上市公司的独立董事比例占据了董事会的大多数席位。我国也要求在董事中的独立董事不少于1/3，虽说我国的独立董事的作用一直备受争议。但独立董事越高，相对来说，上市公司受到的外部制约越大，而内部董事的比例越高，则上市公司受到的外部制约越小，也就意味着高管的权力越大。基于此提出假设 H6－8。

H6－8：内部董事比例越高，上市公司实施股权激励的动机越强。

6.1.2 企业特征与股权激励决策

管理者权力理论从上市公司的管理层特征方面界定了上市公司实

施股权激励的重要因素。除此之外，上市公司选择股权激励计划，还受到企业自身特征的影响。本书将企业的自身特征用下面五个变量界定，这些变量主要代表了上市公司行使股权激励的能力，其中四个是企业的财务变量，另一个为“是否高科技企业”。这五个变量分别是净资产收益（Roe）、总资产（Asset）、市净率（Growth）、企业自由现金流（Fcf）、是否高科技企业（High-tech）。

现今的股权激励已经都与业绩挂钩，成为业绩型股权激励，只有满足一定的业绩条件，股权激励才能变现，证监会在《上市公司股权激励管理办法》（试行）中，也已经明确了股权激励的业绩条件要求。另外，股权激励费用化对上市形成一个巨大的负担，连伊利股份这样绩效不错的公司都因为股权激励的高费用由盈利转为亏损，业绩差的上市公司轻易不敢涉足，因为一旦出现亏损情况，不仅会打击投资者的信心，还会有退市威胁。基于此提出假设 H6－9。

H6－9：业绩好的上市公司相比业绩差的公司更有动机选择股权激励。

规模大的上市公司比规模小的上市公司管理难度更大，股东对其监管难度也很大，代理成本很高。Demsetz 和 Lehn（1985）[137]认为，上市公司高管的持股水平与公司规模和监督难度有关。因为大型公司的管理难度更大，所以需要更有才能的管理者，也就需要付出更多薪酬（Smith and Watts，1992）。尽管大规模公司更易实施股权激励，但股权激励的程度随着公司规模的增长而呈递减趋势（Himmelberg，Hubbard and Palia，1999[138]；Baker and Hall，2004[139]）。根据以上研究提出假设 H6－10。

H6－10：规模大的上市公司比规模小的上市公司更有动机选择股权激励。

Gaver 和 Gaver（1993）[140]，Mehran（1995）[141]和 Palia（2001）[142]研究发现，成长机会更大的公司更有可能使用股权激励。因为投资者更加看重企业的成长能力，成长性高的上市公司股价更高，相反则更低，所以在有效的资本市场中，股价可以代表投资者对企业成长能力的态度。由于股权激励很多都是与股价挂钩的，因此上市公司的成长能力也是影响上市公司实施股权激励的因素。另外，Bathala (1996)[143]研究发现，成长性高的企业因为资本需求量更大，外部融资可能越大，此时企业高管得到股权激励的机会可能性越大。基于此提出假设 H6－11。

H6－11：成长性高的公司相比成长性低的公司更有动机选择股权激励。

股权激励被普遍认为是一种薪酬方式，对于缺乏现金的公司，股权激励可以作为一种替代。因此，面临现金困境和内部流动性问题公司倾向于选择股权激励（Yermack，1995；Core and Guay，1999[144]、2001[145]）。另外，Jensen（1986）[146]认为，过剩的现金会加剧代理问题，因为高管可能会将过剩的现金投资到无效益的项目而强化自己在公司的地位。而辛宇、徐莉萍（2006）[147]认为，公司治理好的上市公司比治理差的上市公司冗余现金更少，现金持有水平更为合理。基于此提出假设 H6－12。

H6－12：自由现金流多的上市公司比自由现金流少的上市公司更有动机选择股权激励。

目前国内面临产业升级的压力，要生产更多科技附加值高的产品，企业的研发能力尤为关键。而对于高科技企业来说，人才的流动性一般比较大，企业的竞争力与往往与能否留住核心技术人才相关。Cui 和 Mak（2002）[148]发现，高科技企业具有与众不同的特征，如高成长机会、不同的董事会结构和股权机构。Core 和 Qian（2000）[149]认为，技术人才更容易受到股票期权激励，因为这些人才的知识和技术很容易带给竞争对手，造成他们换工作的成本很低，但企业付出的代价却很大。Tzioumis（2008）也认为，对于高科技企业这样离职率高的公司来说，更有动机选择股权激励的方式留住人才。基于此提出假设 H6－13。

H6－13：高科技公司相比非高科技公司更有动机选择股权激励。

6.2　研究设计

6.2.1　样本选择

（1）本书以沪深全部A股上市公司为研究对象，研究期间为2005年7月1日至2012年12月31日。在此期间，共有419家上市公司公布了股权激励方案，占上市公司总数约17%，分布在全部22个行业（按照证监会行业分类标准，制造业二级分类，其他行业一级分类，行业分布见表6－1）。其中2005年6家，2006年33家，2007年9家，2008年56家，2009年13家，2010年50家，2011年125家，2012年127家。从历年分布来看，从2010年开始，上市公司实施股权激励的数量有明显加速之势。

（2）数据来源及相关说明。

本书所有数据均来自CSMAR和WIND数据库。实证数据中对高科技企业的定义根据黄之骏、王华（2006）确定的高科技企业，分别是：信息技术业（G）、电子业（C5）、医药生物制品业（C8）、化学原料及化学制品制造业（C43）、仪器仪表及文化和办公用机械制造业（C78）、化学纤维制造业（C47）。

在稳健性检验中，分别按照市场化程度和是否是管制行业对实证结果进行检验。对于市场化程度，本书采用樊纲、王小鲁等《中国市场化指数——各地区市场化相对进程2009年报告》[150]中确定的市场化指数。对于管制行业的界定，本书依据夏立军（2007）[151]确定的分类标准，将信息技术业（G），采掘业（B），金融、非金融（C6），交通运输、仓储业（F），石油、化学、塑胶、塑料（C4），电力、煤气及水的生产和供应业（D）作为管制性行业，其他为非管制性行业。

本书的所有数据处理均采用Stata11统计分析软件完成。公司行业分布如表6－1所示。

表6－1　　公布股权激励预案的公司行业分布

所在行业	数量	比例
机械、设备、仪表	87	20.76
信息技术业	69	16.47
电子	36	8.59
石油、化学、塑胶、塑料	33	7.88
医药、生物制品	30	7.16
房地产业	25	5.97
金属、非金属	25	5.97
批发和零售贸易	15	3.58
食品、饮料	15	3.58
社会服务业	13	3.10
建筑业	12	2.86
纺织、服装、皮毛	11	2.63
其他制造业	8	1.91
农、林、牧、渔业	7	1.67
造纸、印刷	7	1.67
传播与文化产业	5	1.19
交通运输、仓储业	5	1.19
电力、煤气及水的生产和供应业	4	0.95
木材、家具	4	0.95
综合类	4	0.95
采掘业	2	0.48
金融、保险业	2	0.48
合计	419	100

6.2.2　模型设计

（1）模型。

本书采用以下回归模型检验前面提及的13个研究假设。具体是将所有A股上市公司依据是否选择股权激励分为两组，然后分别进行描述性统计，寻找这两类公司之间的差异，再用Logistic模型分类进行相关因素检验，首先是全样本检验，再将对相关变量按照管理者特征变量和企业特征变量分为两组，分别进行回归，分析其中蕴含的信息。回归模型列示如下：

$$\begin{aligned} Opt = & \beta_0 + \beta_{1Age} + \beta_{2\,Top\_pay} + \beta_{3Salary} \\ & + \beta_{4Boss} + \beta_{5Top\_share} + \beta_{6Control} \\ & + \beta_{7Inside\_d} + \beta_{8Unity} + \beta_{9Roe} \\ & + \beta_{10Asset} + \beta_{11High\text{-}tech} + \beta_{12\,Growth} \\ & + \beta_{13Fcf} + \beta_{14Industry} + \beta_{15Year} + \varepsilon \end{aligned} \quad (6-1)$$

（2）相关变量说明（见表6-2）。

表6-2　　　　相关变量说明

	变量名	变量定义	变量说明	预期符号
被解释变量	Opt	选择股权激励	选择为1，不选为0	
管理者特征	Age	管理层年龄	以企业高管平均年龄计算	-
	Top_pay	管理层薪酬	以管理层薪酬的自然对数表示	+
	Salary	董事长领薪	领薪定义为1，不领定义为0	+
	Boss	第一大股东持股比例		-
	Top_share	高管持股比例		+
	Control	最终控制人	为中央、地方政府、高校等机关事业控制为1，为个人控制为0	-
	Inside_d	内部董事比例	用1减去独立董事比例计算	+
	Unity	总经理与董事长两职合一	合一为1，分开为0	+

续表

	变量名	变量定义	变量说明	预期符号
企业特征	Roe	净资产收益率	加权平均净资产收益率	+
	Asset	总资产	以总资产自然对数计算	+
	High-tech	高科技企业	是为1，否为0	+
	Growth	市净率	代表投资者对于企业发展的态度	+
	Fcf	自由现金流	以每股企业自由现金流计算	+
控制变量	Industry	行业	按照证监会大类和制造业具体划分后共22个行业	
	Year	年度		

6.3 实证结果

6.3.1 变量描述性统计

从表6－3可以看出，管理者权力的8个变量，无论是均值T检验还是中位数检验均在1%的水平上显著。具体而言，变量Roe的结果表明，实施股权激励的公司高管平均年龄显著小于未实施股权激励的上市公司；变量Unity的结果表明，实施股权激励的公司两职兼任的情况显著多于未实施股权激励的公司；变量Top_pay的结果表明，实施股权激励公司高管薪酬显著大于未实施股权激励的公司；变量Salary的结果表明，实施股权激励的公司董事长领薪的情况显著多于未实施股权激励的公司；变量Control的结果表明，国有背景的上市公司相比民营上市公司更不易实施股权激励；变量Top_share的结果表明，实施股权激励的公司高管持股比例显著大于未实施股权激励的公司。在管理者权力变量中，以上6个都是方向和结果都是与预期相符的。与预期不符的是：变量Boss的结果表明，实施股权激励的上

表6-3 相关变量描述性统计及T检验、中位数检验

变量性质	变量名	实施股权激励的公司 mean	sd	p50	min	max	未实施股权激励的公司 mean	sd	p50	min	max	均值T检验	中位数 Mann-Whitney 检验
管理者特征变量	Age	45.78	3.06	45.79	36.95	54.66	47.74	2.87	47.73	36.74	56.86	-8.0943***	-7.536***
	Unity	0.34	0.48	0	0	1	0.15	0.36	0	0	1	6.2575***	6.239***
	Top_pay	12.37	0.58	12.34	10.78	14.07	12.09	0.63	12.1	9.89	14.53	5.2416***	5.160***
	Salary	0.87	0.34	1	0	1	0.66	0.47	1	0	1	5.2180***	5.207***
	Boss	58.58	15.32	59.62	18.63	93.21	53.33	16.46	53.69	4.45	97.98	3.7866***	4.009***
	Inside_d	0.63	0.05	0.67	0.44	0.67	0.64	0.05	0.67	0.29	1	-2.8275***	-2.979***
	Control	0.24	0.43	0	0	1	0.66	0.47	1	0	1	-10.4321***	-10.346***
	Top_share	0.09	0.17	0	0	0.7	0.02	0.09	0	0	0.82	9.2457***	7.211***
企业特征变量	Roe	13.26	9.08	12.43	-8.72	70.32	6.76	16.19	7.15	-81.62	70.32	4.8067***	7.113***
	Asset	21.43	1.05	21.2	19.87	25.74	21.56	1.17	21.42	17.5	28.28	-1.3686	-1.545
	High-tech	0.41	0.49	0	0	1	0.26	0.44	0	0	1	4.1472***	4.142***
	Growth	4.27	3	3.38	0.85	15.98	4.14	9.48	2.79	-361.03	499.16	0.1585	2.762***
	Fcf	18.19	1.6	18.17	14.15	23.3	18.27	1.73	18.29	9.3	24.88	-0.5214***	-0.774

注：*、**、***分别表示在10%、5%和1%的水平上显著（双尾检验）。

市公司的大股东持股比例显著大于高于未实施股权激励的公司，这与既有文献结论不符；变量 Inside_d 表明，内部董事比例高的公司实施股权激励可能反而弱于内部董事比例低的公司，这也与已有文献结论不符。

在企业特征变量中，变量 Roe 和变量 High－tech 很显著，这表明，净资产收益率高的公司相比低的公司更可能实施股权激励，高科技企业实施股权激励的可能性多于非高科技企业。变量 Growth 的 T 检验结果不显著，但中位数的检验结果显著；变量 Asset 的结果不显著，表明实施股权激励的公司和未实施的公司在规模上没有显著差异；变量 Fcf 则是与预期完全相反，自由现金流多的公司实施股权激励的公司实施股权激励的可能性却小于自由现金流低的公司。

6.3.2 回归分析

（1）相关系数检验。

表 6－4 列示了各变量之间相关系数检验情况，从表 6－4 可以看出，相关系数最大值为 0.437，远小于 0.6，所以变量之间基本不存在共线性问题。表 6－4 中阴影部分的八个变量为重点关注的“管理者特征”变量，结果表明它与因变量 Id 之间显著相关。

（2）回归结果。

表 6－5 为回归结果，其中方程（1）是对影响股权激励计划的全部变量进行的回归。为了排除管理者特征变量多重共线性的影响，以便更好地检验每个管理者特征变量对于实施股权激励计划的影响，在方程（2）至方程（9）中，将公司特征变量分别与每个管理者特征变量一起进行回归。下面仍然把变量分为管理者特征变量和企业特征两组，分别对其回归结果分别进行分析。

表6－4 各变量相关系数

	Id	Age	Unity	Top_pay	Salary	Boss	Inside_d	Control	Top_share	Roe	Asset	High_tech	Growth	Fcf
Id	1													
Age	-0.101 ***	1												
Unity	0.078 ***	-0.084 ***	1											
Top_pay	0.065 ***	0.202 ***	-0.00400	1										
Salary	0.065 ***	-0.154 ***	0.212 ***	-0.016	1									
Boss	0.047 ***	0.100 ***	0.037 ***	0.221 ***	-0.073 ***	1								
Inside_d	-0.035 ***	0.047 ***	-0.060 ***	-0.011	-0.011	-0.032 **	1							
Control	-0.129 ***	0.389 ***	-0.186 ***	0.142 ***	-0.228 ***	0.094 ***	0.081 ***	1						
Top_share	0.115 ***	-0.158 ***	0.222 ***	0.001	0.144 ***	0.184 ***	-0.076 ***	-0.299 ***	1					
Roe	0.060 ***	0.047 ***	-0.00700	0.322 ***	0.0160	0.168 ***	-0.016	0.034 ***	0.042 ***	1				
Asset	-0.0170	0.361 ***	-0.097 ***	0.437 ***	-0.132 ***	0.242 ***	-0.054 ***	0.306 ***	-0.113 ***	0.200 ***	1			
High_tech	0.052 ***	-0.118 ***	0.085 ***	-0.037 ***	0.083 ***	-0.085 ***	-0.008	-0.132 ***	0.105 ***	-0.024 *	-0.169 ***	1		
Growth	0.002	-0.030 **	0.0110	-0.012	0.010	-0.004	-0.026 **	-0.029 **	0.003	0.040 ***	-0.089 ***	0.018	1	
Fcf	-0.007	0.260 ***	-0.082 ***	0.323 ***	-0.101 ***	0.164 ***	-0.032 **	0.211 ***	-0.107 ***	0.163 ***	0.721 ***	-0.131 ***	-0.040 ***	1

注：*、**、*** 分别表示在10%、5%和1%的水平上显著（双尾检验）；Id 变量为 Logistic 回归的因变量；阴影中的变量为主要观测变量。

表 6－5 基本回归分析结果

变量	(1)	(2)	(3)	(4)	(5)	(6)	(7)	(8)	(9)
Age	−0.114*** (−3.37)	−0.196*** (−6.09)							
Unity	0.206 (0.99)		0.691*** (3.59)						
Top_pay	0.719*** (4.09)			0.798*** (4.66)					
Salary	0.479* (1.77)				1.018*** (3.99)				
Boss	0.007 (1.15)					0.014** (2.36)			
Inside_d	−1.245 (−0.74)						−2.767* (−1.82)		
Control	−1.195*** (−4.90)							−1.619*** (−7.31)	
Top_share	0.037 (0.06)								1.803*** (3.39)

续表

变量	(1)	(2)	(3)	(4)	(5)	(6)	(7)	(8)	(9)
Roe	0.028*** (3.56)	0.036*** (5.24)	0.038*** (5.55)	0.032*** (4.40)	0.037*** (5.44)	0.037*** (5.34)	0.039*** (5.76)	0.036*** (5.12)	0.039*** (5.69)
Asset	-0.061 (-0.44)	-0.064 (-0.51)	-0.179 (-1.47)	-0.404*** (-3.12)	-0.156 (-1.27)	-0.232* (-1.91)	-0.217* (-1.82)	0.067 (0.53)	-0.161 (-1.31)
High-tech	-0.293 (-0.52)	-0.364 (-0.67)	-0.337 (-0.60)	-0.261 (-0.47)	-0.379 (-0.69)	-0.347 (-0.61)	-0.326 (-0.59)	-0.371 (-0.67)	-0.387 (-0.69)
Growth	-0.001 (-0.11)	0.000 (0.03)	-0.000 (-0.04)	-0.001 (-0.12)	-0.000 (-0.03)	0.000 (0.07)	-0.000 (-0.05)	-0.001 (-0.07)	0.000 (0.02)
Fcf	0.027 (0.34)	0.077 (1.00)	0.082 (1.03)	0.055 (0.69)	0.075 (0.94)	0.080 (1.01)	0.074 (0.94)	0.037 (0.48)	0.076 (0.98)
Cons	-22.314 (-0.01)	-11.135 (-0.01)	-17.478 (-0.02)	-21.775 (-0.03)	-18.689 (-0.02)	-17.067 (-0.02)	-14.729 (-0.02)	-21.528 (-0.02)	-18.001 (-0.01)
Year	Y	Y	Y	Y	Y	Y	Y	Y	Y
Industry	Y	Y	Y	Y	Y	Y	Y	Y	Y
Adj R-sq	0.215	0.166	0.146	0.154	0.152	0.142	0.140	0.183	0.145
N	6020	6020	6020	6020	6020	6020	6020	6020	6020

注：*、**、*** 分别表示在 10%、5% 和 1% 的水平上显著（双尾检验）；上行为回归系数，下行括号中数据为 T 值。

①管理者特征变量的回归结果与分析。

变量 Age 在方程（1）和方程（2）中均在 1% 的水平上显著，且系数为负，表明高管年龄越大，实施股权激励计划的积极性越差。也就说明，高管年龄越年轻，越有动机实施股权激励计划，支持了假设 H6－1。

变量 Unity 在方程（1）中不显著，但排除了多重共线性的方程（3）中于 1% 的水平上显著为正。表明两职合一的公司越有动机实施股权激励，支持了假设 H6－2。

变量 Top_pay 在方程（1）和方程（4）中均在 1% 的水平上显著为正，表明高管现金薪酬越多的公司越有动机实施股权激励，支持了假设 H6－3。

变量 Salary 在方程（1）中于 10% 的水平上显著，在方程（5）于 1% 的水平上显著，表明董事长领薪的公司更有动机实施股权激励，支持了假设 H6－4。

变量 Boss 代表了股权集中度，其结果与预期完全相反，在方程（1）中符号为正，但并不显著，在方程（6）中于 5% 的水平上显著为正。这一结果虽与理论预期相反。如果认真分析中国的具体情况会发现，在中国资本市场的很多上市公司，很多家族企业或与大股东一起创业的骨干员工，大股东控制的公司更易实施股权激励，并不能说明大股东对公司控制能力下降和公司治理的失效，这是大股东向骨干员工“发红包”的一种方式。

变量 Inside_d 在方程（1）中的系数为负且不显著，在方程（7）中于 10% 的水平上显著为负，这一结果与理论预期完全相反。内部董事比例为何与股权激励的决策呈负相关关系，这一实证结论还需进一步探讨。

变量 Control 在方程（1）和方程（8）中均在 1% 的水平上显著为正，表明具有国企背景的上市公司实施股权激励的可能性越小，这一结果支持了假设 H6－7。

变量 Top_share 在方程（1）中符号为正但不显著，在排除共线性因素干扰的方程（3）中于1%的水平上显著为正，表明高管持股比例高的公司更易实施股权激励，支持了假设 H6－8。

在以上所有管理者变量中，除了变量 Boss（第一大股东持股比例）和内部董事比例（Inside_d）与预期有偏差外，其他六个变量的实证结果均与假设相符。结果表明，上市公司的管理者特征因素对上市公司的股权激励决策有明显影响。

②企业特征变量的回归结果与分析。

在企业特征五个变量中，只有变量 Roe（净资产收益率）在9个方程中均于1%的水平上显著为正，说明了上市公司净资产收益率对股权激励决策正相关，支持了假设 H6－9。变量 Fcf（自由现金流）虽然不显著但符号为正，与假设 H6－12 中的预期一致。

变量 High-tech（是否高科技企业）和变量 Growth（成长能力）在所有方程中均不显著，且均与假设中的预期符号相反，与假设 H6－13 和假设 H6－11 不符。变量 Asset（企业规模）在方程（4）、方程（6）和方程（7）中显著，但符号也全部为负，与假设 H6－10 不符。这三个企业特征变量与假设相反，说明企业规模、成长能力、高科技企业都不是上市公司实施股权激励计划的重要原因，这些可能反映了我国公司治理的弱化问题。

6.4　稳健性检验

稳健性检验中引入两个要素：一是市场化程度，二是管制行业。

（1）市场化程度。

地区之间市场化程度不同是中国市场经济的重要特点，这也决定了不同地区的企业在治理上差别，全国31个省、自治区、直辖市的市场化程度都可用市场化指数来表示（见表6－6）。理论上说，相比市场化发展程度低的地区，市场化发展水平更高的地区，受人才需求和人才竞争等因素影响，在实施股权激励计划中，高管的作用会更大，也即管理者特征变量会更显著。可以对此推论进行检验。

表 6－6　　各省区市市场化指数总体评分和排序（2005～2007 年）

排名	省区市	得分	排名	省区市	得分
1	上海市	11.71	17	河北	7.11
2	浙江	11.39	18	吉林	6.93
3	广东	11.04	19	海南	6.88
4	江苏	10.55	20	内蒙古	6.4
5	天津	9.76	21	广西	6.37
6	北京	9.55	22	黑龙江	6.27
7	福建	9.45	23	山西	6.23
8	山东	8.81	24	云南	6.15
9	辽宁	8.46	25	宁夏	5.85
10	重庆	8.1	26	贵州	5.57
11	安徽	7.73	27	陕西	5.36
12	四川	7.66	28	新疆	5.36
13	河南	7.42	29	甘肃	5.31
14	湖北	7.4	30	青海	4.64
15	江西	7.29	31	西藏	4.25
16	湖南	7.19			

资料来源：樊纲，王小鲁，朱恒鹏：中国地区市场化指数——各地区市场化相对进程 2009 年报告．经济科学出版社，2010.

根据表 6－6，全国 31 个省区市的市场化指数的均值为 7.49 分。本书将所有 A 股上市公司按高于 7.49 分和低于 7.49 分的分成两组，分别代表市场化程度高和市场化程度低的公司，然后分别进行回归，回归的结果分别为表 6－7 中的方程（1）和方程（2）。根据表 6－7 的稳健性检验结果，在方程（1）中，管理者特征因素的三个变量 Age（高管平均年龄）、Unity（董事长和总经理两职合一）、Top_pay（高管薪酬）都显著，而这三个变量在方程（2）中都不显著。这说明，在市场化程度高的地区，实施股权激励的公司相比不实施股权激励的公司，高管年龄更加年轻，董事长和总经理更可能是一个人，高管薪酬更高；在市场化程度的地区，上市公司是否实施股权激励计划，受变量 Age、变量 Unity 和变量 Top_pay 的影响并不明显。另外，在市场化程度高的地区，变量 Control（最终控制人）在1%的水平上显著为正；在市场化程度低的地区，变量 Control 在5%的水平上显著为正。

以上结论表明，在市场化程度高的地区，人才在市场竞争中的作用明显，所以管理者特征因素对公司决策有明显影响。而市场化程度低的地区，市场竞争性小，人才的影响力受到限制，并不能影响股权激励的决策。另外，无论是市场化高还是低的地区，最终控制人性质与股权激励决策均有明显的相关性。这表明在市场化发展程度不同的地区，国有背景的企业其发挥的影响力是相似的。

（2）管制行业。

一般把保险、天然气和电力等归入管制行业（夏立军，2007）。在管制行业，更少可能使用股权激励计划（Lewellen et al.，1987；Smith and Watts，1992）。是因为管制行业一般垄断色彩较重，市场竞争性小，商品价格受到政策影响大，高管权力也因此受到一定程度的限制，实施股权激励的必要性不如非管制行业。

本书按是否为管制行业也分成两组（见表6-7），方程（3）为管制行业的回归结果，方程（4）为非管制行业的回归结果。从方程（3）和方程（4）的比较来看，除变量 Unity（总经理两职合一）在方程（3）中比在方程（4）中更显著外，方程（4）中的其他所有管理者特征变量都比方程（3）中更为显著。这说明，与管制行业相比，非管制行业的高管更能影响股权激励决策。

表 6-7　　稳健性检验结果

变量	(1)	(2)	(3)	(4)
Age	-0.144 *** (-4.01)	-0.052 (-0.58)	-0.107 * (-1.69)	-0.130 *** (-3.32)
Unity	0.426 * (1.92)	-0.057 (-0.11)	0.673 * (1.90)	0.144 (0.57)
Top_pay	0.764 *** (4.12)	0.262 (0.63)	0.859 *** (3.03)	0.649 *** (3.23)
Salary	0.441 (1.52)	0.900 (1.38)	0.194 (0.42)	0.592 * (1.81)
Boss	0.009 (1.42)	0.008 (0.56)	0.007 (0.68)	0.014 ** (1.97)
Inside_d	-1.835 (-1.03)	0.603 (0.15)	4.822 (1.34)	-3.222 * (-1.78)
Control	-1.309 *** (-4.94)	-1.265 ** (-2.42)	-1.873 *** (-4.08)	-1.084 *** (-4.00)
Top_share	0.427 (0.72)	3.295 ** (2.50)	-0.509 (-0.51)	1.561 ** (2.38)
Roe	0.026 *** (3.11)	0.018 (1.12)	0.015 (1.21)	0.028 *** (3.17)
Asset	-0.130 (-0.93)	0.379 (1.25)	0.019 (0.08)	-0.045 (-0.29)
High-tech	0.249 (1.21)	0.551 (1.25)	0.875 ** (2.37)	0.112 (0.45)
Growth	-0.007 (-0.99)	-0.002 (-0.09)	-0.004 (-0.10)	-0.006 (-0.89)
Fcf	0.066 (0.77)	-0.028 (-0.16)	-0.002 (-0.02)	0.084 (0.87)
Cons	-4.265 (-1.40)	-13.982 ** (-2.00)	-13.216 ** (-2.35)	-5.289 (-1.62)
Year	Y	Y	Y	Y
Industry	Y	Y	Y	Y
Adj R-sq	0.161	0.125	0.199	0.150
N	4362	2053	2364	4051

注：*、**、*** 分别表示在10%、5%和1%的水平上显著（双尾检验）；上行为回归系数，下行括号中数值为T值。

需要特别关注的，变量 Inside_d（内部董事比例）在方程（3）中符号为正但不显著，但在方程（4）中却符号显著为负，差异竟如此之大。这说明，在管制行业中，内部董事比例越高，实施股权激励计划的倾向越大，而在非管制行业中，内部董事比例越高，实施股权激励计划的倾向越低。

总之，对于以上分别按市场化程度和是否为管制行业进行分类后，实证结果不仅证明了市场化程度和是否为管制行业对于股权激励计划的实施存在影响，也同样证实了上市公司高管的管理者特征是实施股权激励的主要因素，其在市场化程度高地区的上市公司和非管制行业的上市公司发挥的作用更为明显。

6.5　本章小结

本章的目的是明确上市公司实施股权激励计划的影响因素。样本选取的是中国上市公司沪深A股2005年7月1日到2012年12月31日的数据。本书把沪深A股上市公司按照是否实施股权激励计划分为两组：一组为实施股权激励计划的419家上市公司，另一组为不实施股权激励的上市公司。根据以往的国内外文献，发现哪些因素可能对上市公司实施股权激励产生影响。本书基于管理者权力理论，将所有变量分为“管理者特征”变量和“企业特征”变量。管理者特征变量是重点观测变量。根据管理者权力理论，上市公司管理者会利用上市公司的各种机会为自身谋利，因此，管理层为了自身利益考虑，在股权激励的决策中也可能会发挥主导作用。

我们用Logistic回归模型进行实证检验。实证检验结果基本验证了以上推断，“管理者特征”中的8个变量，共有6个变量的结果都与假设完全相符（见表6-5），这说明，上市公司管理者特征是影响股权激励决策的重要因素，管理者权力理论可以对中国上市公司实施股权激励计划做出很好的解释。研究结果表明，我国应该加强上市公司的治理和监管，有效约束上市公司高管的权力。

为了验证回归结论的可靠性，本书还进行了稳健性检验。本书首先将全部 A 股上市公司按照市场化程度进行分类，具体为按照市场化程度大于 7.49 和小于 7.49 分为两类，分别进行了回归分析。结果显示，与市场化程度低地区的上市公司比较，在市场化程度高地区的上市公司，其管理者特征在股权激励实施中可发挥更大的作用。另外，还将全部 A 股上市公司按照是否为管制行业进行分类，分别进行回归，检验管理者特征因素对股权激励实施的影响。结果显示，相比管制行业的上市公司，在非管制行业的上市公司中，管理者特征因素会对股权激励决策施加明显影响。

第7章　股权激励实施中高管自利性研究

7.1 股权激励设计中的高管选择

上市公司高管对于股权激励方案的设计往往有很大的影响力。在一系列涉及激励效果的条件中，高管们会做出多种可能的选择，这种选择将影响到激励对象的切身利益，而且也决定了上市公司股权激励的性质——股权激励到底是“激励”还是“福利”？从我国《上市公司股权激励管理办法》（试行）（本章以下简称《管理办法》）的规定看，它的相关规定已影响到了我国股权激励的最终性质，不同于无任何行权条件的传统股票期权激励方式，我国明确要求股权激励行权需要以一定业绩为条件，所以我国的股权激励为业绩型股权激励。

我们以股票期权这种最常见的激励方式分析高管在股权激励方案的设计中，可能会有哪些选择，而这种选择又是如何最终影响股权激励的性质。股票期权是股权激励中最为普遍的激励方式，在股票期权激励方案的内容设计中，一般都会包括行权价格、行权业绩条件和激励有效期三个基本要素。《管理办法》及备忘录对股票期权的三个基本要素都有相应的规定，但规定并没有完全限定上市公司高管操作的空间。从监管制定政策考虑，需要把握一个平衡，如果规定得过于具体，上市公司毫无作为空间，则股权激励很难达到激励效果，但如果留给上市公司的自由度太大，则很可能会被上市公司所利用。下面分析股票期权激励方案中都会包括的三要素“行权价格、业绩条件、激励有效期”的性质。

7.1.1 行权价格

在西方国家如美国的期权实践中，并没有法律层面对上市公司的行权价格做出规定。这一般作为上市公司经营行为，由上市公司自己决定。而中国证监会出于目前资本市场尚不完善的考虑，所以规定股权激励方案中的行权价格，不应低于激励计划预案公告前一个交易日的收盘价和前 30 个交易日内的公司平均收盘价的较高者。这为上市公司行权价格设定了下限。中国证监会的目的也是尽可能地防止上市公司高管的投机行为和自利行为。但是，由于中国 A 股市场的投机性强、股价波动大，上市公司高管可以利用盈余管理行为操纵股价，尽可能抵消中国证监会的这些规定。

7.1.2　业绩条件

在股权激励计划中设定业绩条件门槛是业绩型股票期权的重要标志，其制定得是否恰当也直接影响到股权激励的实际效果。中国证监会对于业绩条件的规定比较模糊，只要要求不低于“历史水平”，并鼓励采用行业比较的相对指标，但大多数公司都只是采取了净资产收益率、净利润增长率等单一的指标，很少有企业采用相对指标。

7.1.3　激励有效期

在西方国家的股权激励中，激励有效期也是由企业自行设定的，而我国仍是对此做了详细规定。根据证监会的规定，上市公司股权激励计划中的激励有效期不得少于 1 年，也不能超过 10 年。

以上三个要素中，激励有效期往往并不是行权收益的直接影响因素，因为激励有效期只是决定了未来的不可预测性，并不直接影响股票期权的收益，因此，我们暂不探讨激励有效期的因素影响，而是着重从行权价格和业绩条件入手，考察在股票期权激励这种方式中，上市公司高管做出的选择如何影响股权激励的最终性质。

对于行权价格，我们假定有 P、P_1 和 P_2 三个行权价格选择，且 $P_1 < P < P_2$，其中 P 是理论上最为合理的行权价格，因为它制定得极

为适当，既能对公司高管起到激励作用，又不会让高管举得“高不可攀”。对于业绩条件，我们也假设有三个业绩条件选择，分别用K、K_1、K_2来表示，且有 $K_1 < K < K_2$，同样K为理论上最合理的业绩条件，K_1和K_2分别表示业绩条件设定得过低和过高。如图7-1所示，我们在图上标示出高管可能会做出的选择和组合。

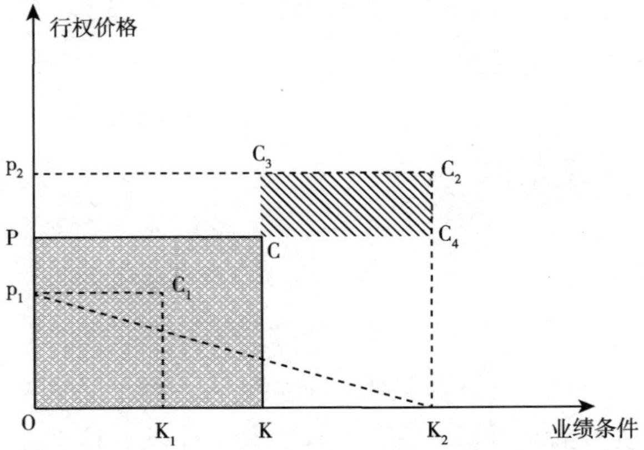

图7-1　行权价格与业绩条件组合

根据吕长江等（2009）的研究，股权激励兼有激励和福利的双重特征，而股权激励条件是界定上市公司股权激励是福利性和激励性的关键。本书在吕长江等研究的基础上，进行了拓展性研究，通过分析行权价格和业绩条件的各种选择，分析上市公司股权激励的性质是激励还是福利，并且对股权激励和福利的“边界”进行界定。

如图7-1所示，在行权价格大于P_2且业绩条件大于K_2的广大范围内（不包括P_2、K_2），因为行权价格和业绩条件偏高，高管可能觉得“高不可攀”，股权激励丧失了激励效果，所以，可称其为“无效激励地带”。

如图7-1所示，P、K分别为理论上最低的行权价格和业绩条件，P_2、K_2分别为理论上最高的行权价格和业绩条件。（P、K）组合为理论上行权价格和业绩条件都最低的理想组合，而由矩形$CC_3C_2C_4$组成的阴影部分（含P、P_2组合和K、K_2组合），可称为股权激励的

“激励地带”，其中的任何组合都是激励性组合。由矩形 OPCK 组成的阴影部分（不含 P、K 组合）因为可以让高管不用努力便可获利，可以称为股权激励的“绝对福利地带”，其中的任何组合都为福利性组合。而对于行权价格偏高而业绩条件偏低的矩形 PP_2C_3C 部分，因为只有业绩条件这一条被高管操纵，行权价格仍然起到一定的激励作用，所以上市公司高管并不一定能获得行权收益，因此称这部分为“相对福利地带”，同理，对于矩形 KCC_4K_2 部分也称为“相对福利地带”。

在图 7－1 中，如果不考虑“无效激励地带”，而只考虑矩形 $OP_2C_2K_2$ 内的部分，其中的矩形 $CC_3C_2C_4$ 部分为“激励地带”，其他部分均为“福利地带”，它们之间的分隔线 C_3CC_4 就成为界定股票期权的性质到底是“激励”还是“福利”的界限，从这个意义上说，可称分隔线 C_3CC_4 为划分福利地带的“福利边界”。

以上分析可以看出，在股权激励的方案设计中，上市公司高管有很大的自主权，上市公司高管完全可通过影响股权激励方案的内容设计改变股权激励的性质，从股权激励方案的设计阶段就可能为自身谋利。明确这一点，将为本书下一步研究做很好的铺垫。

7.2　理论分析与研究假说

股权激励是为了解决企业高管的长期激励不足问题，但其实施效果却受到多方条件的限制，Jensen 和 Murphy（1990）认为，大多数股权激励并没有起到应有的激励作用。在美国，股权激励成为高管天价薪酬的主要原因，备受投资者诟病。实施股权激励的许多西方国家资本市场和公司治理都相对完善，但仍然出现了高管通过股权激励方式的“自利”行为，值得人们深思。对此最有信服力的解释是“管理者权力理论”（Bebchuk and Fried，2002）[152]，该理论认为，虽然管理者受到各种制度和规范的约束，但管理者总是以谋求其自身利益最大化为目标，会寻找各种漏洞和机会为自身谋利。

依据管理者权力理论，已有文献对股权激励实施中的一些问题作出了深入研究。其中包括：（1）许多学者认为，股权激励可引发的盈余管理问题（Coles et al.，2006[153]；Harris and Bromiley，2007[154]；Kanagaretnam et al.，2009[155]；Johnson et al.，2009[156]），管理者会通过盈余管理手段影响公司业绩表现，进而影响公司股价，为自己谋利。（2）股权激励作为薪酬的“过度支付”手段（Benz et al.，2001[157]；Cyert et al.，2002[158]；Hartzell and Starks，2003[159]；Perez and Fontela，2007[160]；Milbourn，2006），在美国的上市公司90%以上都向高管支付股权，而且股权收入是高管天价薪酬的主要组成部分，由于股权激励本身存在的问题，高管的收入并不能与其贡献挂钩，出现了高管“无功受禄”的局面[161]。（3）（Yermack，1997[162]；Aboody and Kasznik，2004[163]；Callaghan et al.，2003[164]；Chauvin and Shenoy，2001[165]；Choudhary et al.，2009[166]）认为股权激励诱发高管机会主义行为，对于一些重要信息的披露，高管会选择对自己最为有利的时机。

根据前面的文献，股权激励本来是作为解决委托代理的问题的一种手段，减少高管的道德风险问题，但如果股权激励被高管利用，则非但不能解决委托代理问题，反而成为委托代理问题的一部分。与西方国家较为完善的资本市场不同，我国的资本市场尚处于不断发展和完善中，而且公司治理中的一些难题尚未得到根本解决，在国有上市公司中，“所有人”缺位现象严重，这并不能对上市公司高管形成有效的制约，而在民营上市公司中，一股独大和家族企业的形式让上市公司的治理也不完善。在国外行之有效的独立董事制度，被我国引进后，独立董事的治理效果并未显现，一些独立董事的不作为，甚至被讥为“花瓶董事”，因此，无论是在国有上市公司还是民营上市公司，均普遍存在着“内部人控制”现象，这让我国上市公司的管理层权力问题十分突出（卢锐等，2008）[167]。

《管理办法》的发布就是在上市公司股权分置改革完成后的这一大背景下展开的，也是旨在解决上市公司高管的长期激励问题。《管理办法》实施后不久，又相继发布了三个备忘录，国有上市公司的股权激励相关规定也同时发布。认真研究这一系列法规，可以发现我国的股权激励与国外的股权激励有本质差别。首先，我国的股权激励是业绩型股权激励，即股权激励的行权建立在完成规定的业绩条件基础上，甚至对业绩条件都有了相关规定；其次，我国的股权激励对激励有效期和行权价格也都有了详细规定，激励有效期是限定在1~10年之内。而对于行权价格的规定则是更为苛刻，要求股权激励计划方案中的行权价格不得低于公告日前一天的公司股价与公告日前一个月平均股价的较高者。监管部门对行权价格的限定可以说大大压缩了高管自利行为的空间。但是，根据前面的研究，高管仍有在此基础上操纵的空间，而其操纵的程度将与前面提及的管理层权力直接相关。因此本书提出假设H7-1：

H7-1：高管的权力越大，上市公司在股权激励计划中设定的行权价格便会相对越低。

在中国，管制行业一般是垄断行业，管制行业一般进入的门槛比较高，受到的竞争比较少，而且其要素的价格往往受到政府的控制和约束，所以相对于非管制行业来说，管制行业的竞争更小，公司高管的经营压力也越小。前面提及，在市场化发达地区，因为竞争压力较大，平衡风险和受益的意识更强，公司高管更有可能获得股权激励。而管制行业的情况与此相反，因为公司高管对风险和收益的意识相对较弱，所以平衡风险与收益的动机相对不强，管制行业推出股权激励的可能性小，即使采用股权激励，其行权的门槛也理应比非管制行业高一些。因此提出假设H7-2。

H7-2：相对非管制行业的公司来说，管制行业的公司在推出的股权激励计划中设定的行权价格相对更高。

7.3 研究设计

7.3.1 样本选择

（1）本书以沪深A股上市公司为样本，研究期间为2005年7月1日至2012年12月31日。在此期间，共有419家上市公司公布了股权激励方案，占上市公司总数的约17%。从分布来看，其中2005年6家，2006年33家，2007年9家，2008年56家，2009年13家，2010年50家，2011年125家，2012年127家。剔除数据缺失的公司和金融类公司后，最终得到了269个样本。

（2）数据来源及相关说明。

本书所有数据均来自CSMAR和WIND数据库。其中实施激励公司基本数据来自WIND数据库，其他数据来自CSMAR数据库。对于书中市场化程度指标，本书采用樊纲、王小鲁等《中国地区市场化指数——各地区市场化相对进程2009年报告》中确定的市场化指数。对于管制行业的界定，与前面的研究相同，仍依据夏立军（2007）确定的分类标准，将信息技术业（G），采掘业（B），金融、非金融（C6），交通运输、仓储业（F），石油、化学、塑胶、塑料（C4），电力、煤气及水的生产和供应业（D）作为管制性行业，其他行业为非管制性行业。

与前面的研究相同，本书的数据处理依然采用stata11计量分析软件完成。

7.3.2 模型设计

7.3.2.1 模型

本书采用以下回归模型检验前面提到的两个研究假设。回归模型列示如下：

$$
\begin{aligned}
Gap = \beta_0 &+ \beta_{1Top\_share} + \beta_{2Inside\_d} + \beta_{3Periodz} \\
&+ \beta_{4Unity} + \beta_{5Boss} + \beta_{6Control} \\
&+ \beta_{7Mode} + \beta_{8Market} + \beta_{9Roe} \\
&+ \beta_{10Asset} + \beta_{11Periodx} + \beta_{12Sd} \\
&+ \beta_{13Guan} + \beta_{14Industry} + \beta_{15Year + \varepsilon}
\end{aligned}
$$

7.3.2.2　相关变量说明

相关变量说明如表 7－1 所示。

表 7－1　相关变量说明

变量分类	变量名	变量说明	具体定义
被解释变量	Gap	数值越大说明行权价格相对越低	该变量 = Max（公告日前一天收盘价，公告日前一个月平均收盘价）－行权价格
观测变量	Top_share	高管持股比例	
	Inside_d	内部董事比例	用 1 减去独立董事比例计算
	Periodz	总经理任职时间	
	Unity	董事长总经理两职合一	合一为 1，分开为 0
	Guan	是否为管制行业	是为 1，不是为 0
控制变量	Boss	大股东持股比例	
	Control	最终控制人	为中央、地方政府、高校等机关事业控制为 1，为个人控制为 0
	Mode	激励标的物	股票期权为 1，非股票期权为 0
	Periodx	股权激励计划期限	来自股权激励计划方案
	Market	市场化指数	
	Incomez	营业收入增长率	
	Roe	净资产收益率	加权平均净资产收益率
	Asset	总资产	以总资产自然对数计算
	Sd	股价波动率	股价的波动率，以预案公告日前 30 天股票收益率的标准差衡量
	Industry	行业	剔除金融业后共 21 个行业
	Year	年度	控制 8 个年度之间的差异

（1）被解释变量。

Gap：由于证监会规定股权激励计划的行权价格不能低于股权激励计划预案公告日前一天的收盘价与预案公告日前一个月的平均收盘价较高者。因此，Gap 被定义为股权激励计划预案公告日前一天的收盘价与预案公告日前一个月的平均收盘价较高者减去预案中设定的初始行权价格后的差额。根据前面的假设，如果管理者权力越大，行权价格可能会尽可能低，Gap 的数值也就越大。

（2）观测变量。

①管理者权力变量。

根据相关文献（Albuquerque and Miao，2007[168]；Grinstei and Hribar，2004[169]；Fan et al.，2009；权小锋等，2010[170]；卢锐等，2008），本书选择以下四个变量作为衡量管理者权力的基本变量。

Top_share：高管持股比例。高管持股比例越高，其权力往往越大。

Inside_d：内部董事比例。内部董事比例越高，则说明高管权力越大。

Periodz：总经理任职时间。总经理任职时间越长，往往意味着权力就越大。

Unity：哑变量，董事长总经理是否两职合一，两职合一往往意味着高管权力越大。

②其他观测变量。

Guan：哑变量，是否为管制行业。如果管制行业则取值为 1，否则取值为 0。由于管制行业一般为垄断行业，受政策影响比较大，但市场的竞争压力不大，而相比管制行业，非管制行业市场竞争压力大，管理层为了平衡相关风险，会有动机把行权价格设定得越低，而管制行业因为压力不大则设定得相对更高。因此，此变量预期符号为负。

（3）控制变量。

控制变量可以分三类：一是与管理者权力相关的变量；二是股权

激励的内容变量；三是其他控制变量。

①与管理者权力相关的变量。

Boss：大股东持股比例。大股东持股比例与高管权力的关系，可以分为两种情况：一种是自然人控制的上市公司，另一种是固有控股上市公司。对于自然人控制的上市公司，以家族企业为主，这种企业的董事会往往是家族成员，高管层也是“自己人”，所以这类企业的高控股比例意味着高管权力越大。对于国有控股上市公司而言，高的持股比例往往意味着外部力量对管理层制约的缺失，更易出现内部人控制的情况，所以国有性质上市的大股东持股比例应与管理层权力正相关。因此，此变量预期符号为正。

Control：最终控制人的性质。如果上市公司被中央政府、地方政府、高校等事业单位控制取值为1，其他取值为0。

②股权激励的内容变量。

Mode：激励标的物。哑变量，如果激励标的物为股票期权，则取值为1，否则取值为0。参见本书第5章的研究，股票期权相比其他激励方式会受到投资者的积极回应，这里将激励方式分类，也是为了观察，不同激励方式对于行权价格的影响。因为非股票期权不易被投资者接受，面临的市场风险大，管理层更有动机把行权价格降得更低，而股票期权价格则定得相对更高。所以此变量预期符号为负。

Periodx：股权激励计划的行权期限。如果股权激励的行权期限越长，则不可预测的因素越多，管理层行权变现的风险会加大，则更有动机将行权价格设定得越低。所以此变量的预期符号为正。

③其他控制变量。

Market：市场化指数。在中国各个地区的市场化程度差异很大，不仅有东部和西部之分，且个各个省份的市场化差异都很大。市场化程度越高的地区，经济自由度越高，同一产品的市场竞争更大，风险也就越大（樊纲等，2009），市场化越高的地区，管理层平衡收益与风险的动机就越大。市场化程度越高的地区的上市公司，股权激励计划中设定的行权价格便会相对越低。所以此变量的预期符号为正。

Incomez 和 Roe：分别是营业收入增长率和净资产收益率，均表示企业的成长能力。Incomez 用在基本回归模型中，而 Roe 用在稳健性检验的模型中。

Asset：总资产的自然对数，用来比较不同公司的规模差异。

Sd：股价波动率。以股权激励预案公告日前 30 天股票收盘价的标准差衡量。股价波动率越大，说明公司未来可能面临的风险越大，因为投资者对公司未来的预期不稳定，为了平衡风险，股价波动率越大的公司越有动机压低行权价格。所以此变量的预期符号为正。

Industry：哑变量，为了行业间差异的影响。按照证监会的分类标准，制造业按次大类划分，其他行业以大类划分，在剔除金融业后，共设置了 21 个行业，也即 20 个行业哑变量。

Year：哑变量，为了控制年度间差异的影响。由于变量跨越了 8 个年度，为了衡量年度间的差异，设置了 7 个哑变量。

7.4 实证结果

7.4.1 相关变量描述性统计

表 7 - 2 是相关变量的描述性统计结果。Gap 是上市公司股权激励计划预案中的行权价格，减去公告日前一天公司股价与前一个月公司平均股价的较高者。从表 7 - 2 的结果来看，Gap 的均值为 4.38，最小值为 -13.61，而最大值则达到了 63，如此大的离散程度说明了上市的行权价格制定可能受到管理者权力因素大小的影响。从管理层持股比例（Top_share）看，最大值为 0.74，最小值为 0，均值为

0.2，而方差达到了0.24，离散程度也很大。再看内部董事比例（Inside_d），均值为0.62，中位数0.67，而方差是0.06，离散程度不大，说明各个公司之间的内部董事比例趋同。再看总经理任职时间（Periodz），样本之间的差别也不大。

表7-2　　相关变量描述性统计

变量	N	Mean	Std. Dev	P50	Min	Max
Gap	269	4.38	8.63	1.43	-13.61	63
Top_share	269	0.2	0.24	0.04	0	0.74
Inside_d	269	0.63	0.06	0.67	0.2	0.8
Periodz	269	6.96	0.27	7	4.65	8.12
Unity	269	0.35	0.48	0	0	1
Boss	269	61.01	15.72	63.39	15.98	93.21
Control	269	0.25	0.43	0	0	1
Mode	269	0.63	0.48	1	0	1
Market	269	9.63	1.81	10.55	4.25	11.71
Incomez	269	28.86	28.75	26.47	-45.54	191.11
Roe	269	93.29	150.36	14.94	-2.2	654.29
Asset	269	21.33	1.11	21.18	18.84	26.71
Periodx	269	4.83	1.24	5	1	10
Sd	269	0.03	0.01	0.03	0.01	0.07
Guan	269	0.46	0.5	0	0	1

7.4.2 回归结果

（1）回归结果分析。

表7-3的模型（1）列示了基本回归结果。回归结果显示，管理者权力的四个变量，其中有三个都通过了显著性检验，分别是Top_share（高管持股比例）、Inside_d（内部董事比例）、Periodz（总经理任职期限）变量。变量Top_share的系数符号在5%的水平上显

著为正，表明高管持股比例越大，被解释变量 Gap 就越大，说明公司推出的股权激励计划中设定的行权价格相对越低。变量 Inside_d 在 10% 的水平上显著为正，说明内部董事比例越高，则 Gap 越大，股权激励中设定的初始行权价格就相对越低。变量 Periodz 的系数符号在 5% 的水平上显著为正，表明总经理任职期限越长则股权激励中设定的初始行权价格就越低。变量 Unity（董事长总经理两职合一）系数虽然不显著但符号为正。因此，管理者权力的大部分变量通过了检验，表明管理者权力越大则上市公司股权激励计划中的行权价格会越低。H7－1 得到了验证。

表 7－3　　　　基本回归分析结果

变量	预期符号	（1）	（2）
Top_share	+	5.082 ** （2.05）	5.068 ** （2.04）
Inside_d	+	14.959 * （1.75）	14.651 * （1.71）
Periodz	+	3.832 ** （2.05）	3.861 ** （2.06）
Unity	+	0.419 （0.37）	0.396 （0.35）
Boss	+	0.021 （0.52）	0.021 （0.52）
Control	+	1.394 （1.00）	1.361 （0.97）
Mode	－	－8.690 *** （－7.40）	－8.694 *** （－7.39）
Market	+	0.013 （0.04）	－0.029 （－0.10）
Incomez		0.081 *** （4.16）	0.080 *** （4.13）
Asset	+	0.799 （1.25）	0.803 （1.26）

续表

变量	预期符号	(1)	(2)
Periodx	+	-0.860* (-1.69)	-0.841 (-1.65)
Sd	+	54.221 (0.87)	54.798 (0.88)
Guan	-		-1.156 (-0.61)
Cons		-35.876* (-1.78)	-36.261* (-1.80)
Year		Y	Y
Industry		Y	Y
Adj R-squared		0.334	0.335
F		3.033***	2.956***
N		269	269

注：*、**、*** 分别表示在10%、5%和1%的水平上显著（双尾检验）；上行为回归系数，下行括号中数据为T值。

表7-3中的模型（2）是在模型（1）的基础上加入了变量Guan（是否为管制行业）后的回归结果。结果和模型（1）中结果相似，在四个观测的管理者权力变量中，同样是除Unity变量外的其他三个变量都通过显著性水平的检验，而且结果几乎一样。同时，观测变量Guan在模型（2）并不显著，但符号为负，与预期一致。

再看表7-3中的控制变量。首先，看与管理层权力相关的两个变量Boss和Control，符号均为正，与预期相符但不显著。其次，看股权激励内容变量，股权激励方式Mode为负，且在1%的水平上显著，说明股票期权方案设定的行权价格比非股票期权方案的行权价格相对更高；股权激励期限Periodx在10%的水平上显著为负，表明股票期权激励有效期越长，则行权价格则越大，这与预期不符，这可能说明，中国股权激励方式设定，依据公司治理的完善程度与否，股权激励的各项条件设定存在一致性，股权激励有效期越长，说明公司治理更完善，则行权价格则理应也体现这一点，即行权价格会更高。最后，看其他控制变量，市场化指数 Market 和股价波动率 Sd 均与预期符号一致，但都不显著。

（2）方差膨胀因子（VIF）。

如表 7 – 4 所示，对各回归变量的方差膨胀因子（VIF）检验，最大值也不超过 5，一般认为变量之间不存在多重共线性问题。

表 7 – 4　　VIF 检验

变量	VIF	变量	VIF
Guan	3.95	Mode	1.37
Sd	2.06	Market	1.35
Boss	1.68	Inside_d	1.32
Control	1.57	Unity	1.28
Asset	1.56	Incomez	1.23
Top_share	1.56	Periodz	1.15
Periodx	1.4		

7.4.3 稳健性检验

表 7 – 5 中的模型（3）和模型（4）分别是对表 7 – 3 中的模型（1）和模型（2）的稳健性检验结果。表 7 – 4 的稳健性检验，是把表 7 – 3 中的控制变量 Incomez 替换为类似变量 Roe，然后看观测变量有没有变化。四个管理者权力的变量与模型（1）和模型（2）种类似，但也有一些差别，Top_share 显著性水平上升了，由 5% 的水平上显著变为 1% 的水平上显著，Periodz 的显著性水平由 5% 下降到 10%，而 Inside_d 则在 5% 的显著性水平上维持了不变。

表7-5 稳健性检验结果

变量	预期符号	(3)	(4)
Top_share	+	6.769*** (2.67)	6.734*** (2.66)
Inside_d	+	15.297* (1.73)	14.910* (1.68)
Periodz	+	3.667* (1.90)	3.705* (1.92)
Unity	+	0.563 (0.49)	0.535 (0.46)
Boss	+	0.016 (0.39)	0.016 (0.38)
Control	+	1.422 (0.98)	1.380 (0.95)
Mode	-	-8.242*** (-6.83)	-8.250*** (-6.83)
Market	+	0.078 (0.26)	0.026 (0.08)
Roe		0.002 (0.62)	0.002 (0.63)
Asset	+	1.193* (1.86)	1.195* (1.87)
Periodx	+	-0.573 (-1.10)	-0.551 (-1.06)
Sd	+	65.231 (1.01)	65.723 (1.02)
Guan	+		-1.423 (-0.73)
Cons		-50.119** (-2.54)	-49.959** (-2.53)
Year		Y	Y

续表

变量	预期符号	(3)	(4)
Industry		Y	Y
Adj R-squared	0.284	0.286	
F		2.415**	2.362**
N		269	269

注：*、**、*** 分别表示在10%、5%和1%的水平上显著（双尾检验）；上行为回归系数，下行括号中数据为T值。

7.5 本章小结

本章以2005年7月1日至2012年12月31日期间的公布股权激励预案的沪深A股上市公司为样本，研究上市公司高管在股权激励预案的制定中是否存在自利行为。依据第6章的研究结论，管理者权力因素是影响上市公司实施股权激励的重要因素。本书在此基础上进一步研究，管理者权力因素是否会进一步影响上市公司高管在股权激励方案制定中的自利行为。

股权激励方案的设定环节对于股权激励的效果至关重要，一般来说，股权激励方案中的行权价格越高则对高管的激励效应越强，对投资者越有利。《管理办法》的规定也反映这一思路。《管理办法》规定：上市公司的行权价格不得低于股权激励预案发布日前天的股票价格与前一个月股票平均价格的较高者。因此，本书以“行权价格”为研究切入点，把“Max(公告日前一天收盘价，公告日前一个月平均收盘价)－行权价格”作为被解释变量，研究管理者权力与被解释变量的相关性。本书研究发现，在研究的所有269家实施股权激励的上市公司中，管理者权力越大的公司，被解释变量就越大，也即上市公司的高管的权力越大，则股权激励方案中的行权价格便会相对越低。

本章的研究结论说明，上市公司管理者的权力不但会影响上市公司股权激励的实施，而且会影响了股权激励的效果。上市公司的股权激励的初衷是在信息不对称背景下，解决代理人长期激励不足的一种方式，但是，如果上市公司治理弱化的问题不解决，管理层权力不能得到有效管控，则股权激励非但不能解决委托代理问题，反而会沦为代理问题的一部分。

另外，本章的研究还发现，在股权激励的方式中，股票期权的激励效果要优于非股票期权的效果，这也从侧面对本书第 5 章的研究结论“在上市公司股权激励的方案中，投资者对股票期权激励方式会比非股票期权激励方式会有更积极的回应”做出了解释。

第8章 研究结论与政策建议

8.1 研究结论与未来研究方向

8.1.1 研究结论

对于企业高管的股权激励问题，自19世纪以来一直是管理学、经济学等学科研究的热点问题。股权激励的宗旨是解决现代企业中的委托代理问题，本着实现让管理者与投资者风险共担、利益共享的目标，让管理者的经营行为以股东财富最大化为原则，任何决策都从企业的长远和根本利益出发，尽可能减少短期行为。从股权激励的实践来看，股权激励并未达到预期效果，以往的国内外研究文献均对此有所证实。股权激励的具体效果有赖于资本市场市场的完善、上市公司治理的提升和对股权激励实施中的监管。唯有此，股权激励才能真正发挥其激励效果。

2005年12月31日，中国证监会发布《上市公司股权激励管理办法》（试行）（简称《管理办法》），这可以作为中国企业股权激励的“分水岭”。因为，在扫除了一系列法律障碍后，中国真正意义的股权激励是从此开始的。该办法实施后又分别发布了三个备忘录，作为对于该办法实施的指引。由于《管理办法》仍然处于试行阶段，目前研究该办法实施的效果意义重大，这将为下一步政策出台和法规完善提供借鉴。

基于以上背景，本书以2005年7月1日到2012年12月31日期间的中国A股上市公司为样本，以“经济人理论、委托代理理论、管理者权力理论、经理人市场理论”和相关管理学理论为基础，在充分回顾国内外研究成果的基础上，对本书的研究主题——“上市公司高管股权激励效果”从投资者和管理者两个角度分别进行研究。从投资者的角度，意在上市公司投资者对上市公司股权激励方案发布的态度；从管理者角度，意在研究上市公司股权激励决策的影响因素，以及上市公司股权激励方案设计中的高管自利行为这两个方面。本书在研究中采用了规范研究和实证研究相结合，并以实证研究为主的方法。本书的研究结论深刻地揭示了我国 A 股上市公司股权激励实施中的问题。本书的研究结论和相关建议如下：

（1）投资者对于股权激励的态度如何？股权激励的市场效应是正面的还是负面的？为了回答这一问题，本书通过对 2005 年 7 月 1 日到 2012 年 12 月 31 日的 419 家沪深 A 股上市公司进行实证研究后发现，以股权激励预案公告日为事件日，在公告日前后 -2 日到 0 日之间，无论是平均超额收益率 AAR 还是累计超额收益率 CAR，都显著大于零，说明股权激励预案得到了投资者的积极回应，表明中国 A 市场的投资者对于股权激励持积极态度。另外，本书发现，不同的股权激励方式可能会引发投资者不同的反应，在 [-2，0] 窗口期之间，股票期权激励公司的 AAR 和 CAR 都大于非股票期权激励公司的 AAR 和 CAR；不同的行权期限也会引发投资者不同的反应，大于 5 年的公司 AAR 和 CAR 均优于行权期限小于 5 年的公司；行权业绩条件的差异也会引发投资者不同的反应，投资者对行权业绩指标量化的公司比行权业绩指标不量化的公司持更为肯定的态度。本书研究表明，上市公司在设计股权激励方案中，不仅要慎重选择股权激励方式，认真比较各种股权激励方式的效果，而且在股权激励方案的设计中，要对行权期限和行权业绩条件予以重视。

（2）中国上市公司实施股权激励计划的影响因素是什么？哪种理论可对中国上市实施股权计划给出最合理的解释？为了回答这一问题，本书以所有沪深 A 股上市公司为样本，研究期间为 2005 年 7 月 1 日至 2012 年 12 月 31 日。本书将在此期间中国 A 股上市公司按是否实施股权激励计划分为两组进行研究。基于管理者权力理论，把所有变量分为两组，一组是“管理者特征”变量，另一组是“企业特征”变量，本书重点观察管理者特征变量是否对股权激励实施有显著影响，并对研究结果进行了稳健性检验。研究发现，在8个管理者特征变量中，有6个都与预期假设一致，而且大多都在1%的水平上显著，这一结果有力地支持了研究假设。这说明，管理者权力理论可以对中国A股上市公司实施股权激励计划做出合理的解释，上市公司实施股权激励计划很大程度上与管理层权力未受到有效约束有关，这反映了我国上市公司的公司治理存在不足，所以本书建议要不断完善中国的上市公司治理机制，尤其应加强对上市公司高管权力的约束。

（3）根据吕长江等（2009）年的研究，我国A股上市公司推出的股权激励计划，既存在激励效应，也存在福利效应。本书拓展了此项研究，对股权激励的“激励”和“福利”的界限进行了划分，并提出“福利边界”的概念。本书用图表的形式生动表明，在上市公司股权激励方案的设计中，高管具有多种选择，而这种选择决定了股权激励的最终性质。因此，相关部门不仅要对公司股权激励方案发布后进行监管，也要对股权激励方案发布前和股权激励方案本身进行监管。

（4）上市公司高管往往在股权激励方案推出后的行权环节进行盈余管理操作，那么在股权激励方案的设计中，是否存在高管自利行为？为了回答这一问题，本书仍以2005年7月1日至2012年12月31日为样本研究期间，把此期间推出股权激励预案的419家上市公司作为研究对象。仍以前面提及的管理者寻租理论为理论基础，以股权激励方案设计中的行权价格制定是否存在自利行为为研究切入点。最终的研究发现，上市公司的高管权力越大，则上市公司推出股权激励方案中的行权价格便会相对越低，上市公司自利的程度就越大。虽然相关法规对股权激励方案的设计给出了一些限制性规定，但仍留给上市公司高管发挥的空间，他们总是利用各种可能寻求自身利益最大化。

8.1.2　研究不足与局限

（1）研究内容的不足。

本书的研究方向为上市公司高管股权激励的效果，而股权激励的效果涵盖的内容非常多，受篇幅所限，本书仅从投资者和管理者两个利益相关者出发，从股权激励的市场效应、股权激励的影响因素及股权激励方案设计中的自利行为三个方面进行了研究，而没有从更多方面对股权激励效果进行研究，例如，本书没有考察股权激励对企业业绩影响，也没有考察股权激励对企业长期财富的影响。因此，本书仅是只对股权激励的效果的一部分进行了研究，并没有涵盖所有方面，有“挂一漏万”之嫌，这是本书的不足之处。

（2）研究样本的局限。

本书的研究背景是股权分置改革的完成和一系列相关法律的出台。研究样本为 2005 ~ 2012 年，跨越了 8 个年度。在这一期间，中国资本市场牛熊转换急骤。由于股权激励方案一般均是与股价挂钩的，起伏不定的资本市场造成股权激励方案发布在各年间很不均匀，在牛市的 2007 年只有 9 家发布，其他年度都有几十家，2011 年和 2012 年更是都超过了 100 家。研究样本分布的极不均匀可能表明市场的噪音很大，这可能会影响到研究结论，另外，研究样本的数据量仅有 419 家，这也可能会影响到研究结论。

（3）资本市场条件的局限。

从前面知道，资本市场按照运行效率可分为有效资本市场、半强势有效资本市场、弱势有效资本市场。根据以往的研究，中国 A 股市场仅仅处于“弱势有效”的水平（陈小悦等，1997）[171]，A 股市场对上市公司定价存在不足，因此，本书没有对股价长期变动任何影响股东财富进行研究，而只是考察了股权激励方案发布后市场的短期效应。虽然短期市场效应也是基于股价变动，但由于股权激励作为短期突发事件，在一定的窗口期内研究，可以看到投资者对于此事件短期的应激性反应，受资本市场效率的影响较小，所以其研究结论是可信的。

8.1.3 未来研究方向

本书的研究取得了一些有意义的研究结论。包括：在对上市公司股权激励方案发布的市场效应研究中，发现不同股权激励方式、不同激励有效期和行权业绩条件是否量化具有不同的市场效应，说明投资者可认识到这些细微差异，并在股价上做出反应；在对上市公司股权激励计划决策的影响因素中，发现管理者权力因素是股权激励决策影响的主要因素；在对上市股权激励方案设计中是否存在自利行为的研究后发现，管理者权力越大，股权激励方案的设计对上市公司高管越有利。

虽然本书的研究取得以上结论，但在研究中也发现了一些异象，这些异象可能会对下一步的研究方向有所启发。

(1) 对股权激励决策因素中企业特征因素进一步研究。

虽然上市公司管理者权力因素是上市公司股权激励决策的主要影响因素，但根据国外文献，企业特征因素也对实施股权激励计划有一定影响。在第 4 章的几个假设：企业规模越大越可能实施股权激励计划；企业成长性越强则实施股权激励计划的可能性越大；高科技企业比非高科技企业实施股权激励的可能性更大。这三个结论已是国外研究中成熟的结论，但本书实证研究却得到了不同的结论。这说明，中国上市公司推出的股权激励计划，主要是管理者权力的结果，而不是企业的需要，这说明了我国上市公司治理弱化的现状。

(2) 对管理者权力变量间的差异进一步研究。

本书第 6 章和第 7 章中的研究均是基于管理层权力理论，也都找到了诠释管理层权力的相应变量，但从实证研究的结论来看，有些管理层权力变量的研究结果并不与假设一致，有的不但不显著，甚至符号都完全相反。例如，在第6章的内部董事比例（Inside_d）变量，得出的结论是内部董事比例越大，股权激励计划的可能性越低，与其他变量完全相反。在第7章的董事长、总经理两职合一（Unity）变量，符号虽然符合预期，但并不显著。所以下一步的研究中，应该认真地分析管理者权力变量之间的差异，梳理国外的相关文献对此的研究结论，并比较与中国的差异，可能会得到有价值的发现。

（3）股权激励行权日前后的高管动机和市场反应进行研究。

本书在第5章对股权激励预案发布的市场效应进行了研究，得到了非常有价值的结论。可继续采用事件研究法，对上市公司高管在行权日前后的市场反应进行研究，观察投资者对于高管行权的反应，这可能进一步分析中国投资者对于上市公司实施股权激励的心态。

8.2 政策性建议

8.2.1 加强A股市场的完善

虽然股权分置改革在表面上解决了中国A股资本市场先天不足的问题，但中国A股资本市场在融资和定价两大功能仍然存在缺陷。中国的A股资本市场不但不能成为经济“晴雨表”，而且对上市公司的健康发展也存在影响。由于上市公司高管股权激励的利益实现很难避开资本市场这一通道，因此，资本市场的不完善，将会大大降低中国上市公司股权激励的效果。在2005年7月1日至2012年12月31日419家推出股权激励计划的上市公司中，最后真正进入实施阶段的只有278家，而这278家实施的上市公司受到股价低迷的影响，绝大多数也不得不中途终止了股权激励计划。上市公司股权激励计划的实施花费了很大精力和财力，但受限于市场状况而不得不中途终止，不但未能起到激励作用，还将造成上市公司资源的巨大浪费。

8.2.2 加强A股上市公司的治理

中国上市公司治理仍然是一大难题。对于国有控股上市公司来说，所有者缺位造成的对上市公司高管的监管不足，很容易形成“内部人控制”问题，让高管的权力难受约束。国有企业的股权激励为自己“发福利”的色彩很重。对于民营上市公司来说，由于很多上市公司都为家族企业，企业的一把手就是企业创始人，因此，民营企业上市公司的“内部人控制”就是“自己人控制”，民营上市公司的股权激励更像是投资人通过股权激励来“套现”，这将伤害到中小股东的利益。本书的一个重要的研究结论就是：与西方国家的股权激励计划不同，中国A股上市公司推出的股权激励计划，管理层权力在其中扮演的角色更重。因此，应该从制度上对上市公司高管的权力进行制约。

8.2.3 加强投资者利益的保护

股权激励本身是为了解决委托代理问题，如果股权激励能发挥其预期效果，使企业在财富增长中投资者和管理者共同获益，此时，投资者与管理者的利益就是一致的。但如果股权激励计划被管理层操纵，股权激励就可能变成只对管理者单方有利而对投资者不利，此时的股权激励将失去其基本意义。因此，对于上市公司的股权激励计划，应该从保护投资者利益的高度出发，从上市公司股权激励实施的全过程进行有效监管。

参 考 文 献

［1］ Healy, P. The Effect of Bonus Schemes on Accounting Decisions ［J］. Journal of Accounting and Economics, 1985 (7): 85 – 107.

［2］ Qiang Cheng and Terry D. Warfield. Equity Incentives and Earnings Management ［J］. The Accounting Review, 2005, 80 (2): 441 – 476.

［3］ 吕长江，郑慧莲，严明珠，许静静．上市公司股权激励制度设计：是激励还是福利［J］. 管理世界，2009（9）：133 – 147.

［4］ 王华，黄之骏．经营者股权激励、董事会组成与企业价值——基于内生性视角的经验分析［J］. 管理世界，2006（9）：101 – 116.

［5］ Jensen, M. C. and W. H. Meckling. Theory of The Firm: Managerial Behavior Agency Costs and Ownership Structure ［J］. Journal of Financial Economics, 1976 (3): 305 – 360.

［6］ Stulz R. Managerial Control of Voting Rights, Financial Polices and The Market for Corporate Control ［J］. Journal of Financial Economics, 1988, 20 (1 – 3): 25 – 54.

［7］ Laffont, J. and J. Tirole. The Dynamics of Incentive Contracts ［J］. Econometrica, 1988 (56): 1153 – 1175.

［8］ Becker, G. S. Human Capital and The Rise and Fall of Families, Human Capital ［M］. University of Chicago Press, 1994.

［9］ Holmstrom Bengt and Joan Ricart Costa. Managerial Incentives and Capital Management [J]. Quarterly Journal of Economic Studies, 1985 (52): 403 -426.

[10] Smith, Clifford Jr. and Watts, Ross L. The Investment Opportunity Set and Corporate Financing, Dividend, and Compensation Policies [J]. Journal of Financial Economics, 1992, 32 (3): 263 -292.

[11] Lambert, Richard A. and David F. Larcker. An Analysis of the Use of Accounting and Market Measures of Performance in Executive Compensation Contracts [J]. Journal of Accounting Research, 1987 (25): 85 -125.

[12] 徐向艺，王俊韡，巩震．高管人员报酬激励与公司治理绩效研究——一项基于沪、深 A 股上市公司的实证分析 [J]. 中国工业经济，2007 (2): 94 -100.

[13] Jeffrey L. Kerr and Leslie Kren. Effect of Relative Decision Monitoring on Chief Executive Compensation [J]. Academy of Management Journal, 1992, 35 (2): 385 -391.

[14] 刘凤委，孙铮．政府干预、行业竞争与薪酬契约——来自国有上市公司的经验证据 [J]. 管理世界，2007 (9): 76 -81.

[15] Fazzari, Steven M. R., Glenn Hubbard and Bruce C. Petersen. Financing Constraints and Corporate Investment [J]. Brookings Papers on Economic Activity, 1988 (1): 151 -195.

[16] Core J. E. and Gury W. R. The Use of Equity Grants to Manage Optimal Equity Incentive Levels [J]. Journal of Accounting and Economics, 1999 (28): 151 -184.

[17] Lamia Chourou, Ezzeddine Abaoubb and Samir Saadic. The Economic Determinants of CEO Stock Option Compensation [J]. Journal of Multinational Financial Management, 2008, 18 (1): 62 -69.

[18] 吕长江，严明珠，郑慧莲，许静静．为什么上市公司选择股权激励计划 [J]. 会计研究，2011，2011 (1): 68 -75.

[19] Lazer, E. Output-based Pay: Incentives, Retention or Sorting? [J]. Research in Labor Economics, 2004 (23): 1-25.

[20] A. Arya and B. Mittendorf. Offering Stock Options to Gauge Managerial Talent [J]. Journal of Accounting and Economics, 2005 (40): 189-210.

[21] Smith Jr., Clifford W. Watts and Ross L. Incentive and Tax Effects of Executive Compensation Plans [J]. Australian Journal of Management, 1982, 7 (2): 139-158.

[22] Dechow, Patricia M. and Richard G. Sloan. Executive Incentives and the Horizon Problem [J]. Journal of Accounting and Economics. 1991 (14): 51-89.

[23] Holland, Daniel M. and Wilbur G. Lewellen. Probing the Record of Stock Options [J]. Harvard Business Review, 1962 (40): 132-150.

[24] Scholes, Myron and Mark A. Wolfosn. Taxes and Business Strategy: A Planning Approach [M]. Prentice Hall, Englewood Cliffs, NJ, 1992.

[25] Hall, B. and Murphy, K. The Trouble with Stock Options [J]. Journal of Economic Perspectives, 2003 (17): 49-70.

[26] Ittner, C. D., Lambert, R. A. and Larcker, D. F. The Structure and Performance Consequences of Equity Grants to Employees of New Economy Firms [J]. Journal of Accou-nting and Economics, 2003 (34): 89-127.

[27] Prendergast, C. What Trade-off of Risk and Incentives? [J]. American Economic Review, 2000, (90): 421-425.

[28] Prendergast, C. The Tenuous Trade-off between Risk and Incentives [J]. Journal of Prolitical Economy, 2002 (110): 1071-1102.

［29］ Lazear, E. P. Output-based Pay: Incentives, Retention or Sorting? Research in Labor Economics［J］. 2004, 23: 1 – 25.

［30］ Oyer, P. Why do Firms Use Incentives that Have No Incentive Effects?［J］. Journal of Finance, 2004 (59): 1619 – 1649.

［31］ Oyer, P. and Schaefer, S. Why do Some Firms Give Stock Options to All Employees? An Empirical Examination of Alternative Theories［J］. Journal of Financial Economics, 2005 (76): 99 – 133.

［32］ Nagaoka, S. Determinants of the Introduction of Stock Options by Japanese Firms: Analysis from the Incentive and Selection Perspectives［J］. Journal of Business, 2005 (78): 2289 – 2315.

［33］ Tzioumis, K. Why do Firms adopt CEO Stock Options? Evidence from the United States［J］. Journal of Economics Behavior and Organiaztion, 2008 (68): 100 – 111.

［34］ Haugen, R. A. and Senbet, L. W. Resolving The Agency Problem with External Capital Through Options［J］. Journal of Finance, 1981 (36): 629 – 647.

［35］ Bryan, S., Leeseok Hwang and Steven Lilien. CEO Stock-based Compensation: An Empirical Analysis of Incentive-Intensity, Relative Mix, and Economic Determinants［J］. The Journal of Business, 2000 (73): 661 – 693.

［36］ 银路，赵振元．股票期权激励——高新技术企业激励理论与操作实务［M］．北京：科学出版社，2004：22 – 26.

［37］ 杨国民．国有企业经营者激励约束问题研究［M］．北京：中共中央党校出版社，2004：96 – 98.

［38］ John, T. A. and John, K., Top-management Compensation and Capital Structure［J］. Journal of Finance, 1993 (48): 949 – 974.

［39］ Murphy. K. J. Stock-based Pay in New Economy Firms［J］. Journal of Accounting and Economics, 2003 (34): 129 – 147.

［40］谢德仁．经理人股权激励与股票期权［M］．北京：中国人民大学出版社，2004：39－40.

［41］黄国安．国有企业股权激励机制研究——基于统计量化分析［M］．上海：上海财经大学出版社，2004：28－60.

［42］Holmstrom，B.，Moral Hazard and Observability［J］. Bell Journal of Economics［J］. 1979（10）：74－91.

［43］Muurling，R. and Lehnert，T.，Option-based Compensation：A Survey［J］. The International Journal of Accounting，2004，39：365－401.

［44］张曙光．中国为什么缺乏像样的企业家［M］．北京：工人出版社，2011：32－36.

［45］Adolf Berle and Gardiner Means. The Modern Corporation and Private Property［M］. The United States：Transaction Publishers，1932：75－83.

［46］Jensen，M. C. and Murphy，K. J. CEO Incentives-It's Not How Much You Pay，But How［J］. Harvard Business Review，1990（3）：138－153.

［47］顾斌，周立烨．我国上市公司股权激励实施效果的研究［J］．会计研究，2007（2）：79－84.

［48］Aboody，D. Market Valuation of Employee Stock Option［J］. Journal of Accounting and Economics，1996（22）：357－391.

［49］李增泉．激励机制与企业绩效——一项基于上市公司的实证研究［J］．会计研究，2000（1）：24－30.

［50］何凡．经营者股权激励绩效的比较研究——基于国有和非国有上市公司的经验数据［J］．山西财经大学学报，2007，29（8）：91－96.

［51］李乐，张良，闫磊．行业特征对我国上市公司股权激励制度的影响——一个新的研究框架［J］．财经科学，2011（8）：70－77.

[52] Morck, R., Shleifer, A. and Vishny R. Management Ownership and Market Valuation, An Empirical Analysis [J]. Journal of Financial Economics, 1988, 20 (1-3): 293-315.

[53] McConnll, J. and Servaes. Additional Evidence on Equity Ownership and CorporateValue [J]. Journal of Financial Economics, 1990, 27 (2): 595-612.

[54] Fama, E. and Jensen, M. Separation of Ownership and Control [J]. Journal of Law and Economics, 1983, 26 (6): 301-325.

[55] Demsetz, H. and Lehn, K. The Structure of Corporate Ownership: Causes and Consequences [J]. Journal of Political Economy, 1985, 93 (12): 1155-1177.

[56] Lodererh and Martin. Executive Stock Ownership and Performance: Tracking Faint Traces [J]. Journal of Financial Economics, 1997, 45 (2): 223-255.

[57] Luclan Bebchuk and Jesse Fried. Pay Without Performance: The Unfulfilled Promise of Executive Compensation [M]. Cambridge: Harvard University Press, 2004: 304.

[58] Agrawal, A. and Knoeber, C. Firm Performance and Mechanisms to Control Agency Problems between Managers and Shareholders [J]. Journal of Financial and Quantitative Analysis, 1996 (31): 377-398.

[59] 魏刚. 高级管理层激励与上市公司绩效 [J]. 经济研究, 2000 (3): 32-39.

[60] 宋增基、张宗益. 上市公司股权结构与公司绩效实证研究 [J]. 数量经济技术经济研究, 2003 (1): 128-132.

[61] 谌新民, 刘善敏. 上市公司经营者报酬结构差异的实证研究 [J]. 经济研究, 2003 (8): 55-64.

[62] 黄慧馨, 代冰彬. 高科技企业经理人持股与公司长期业绩

的相关性研究［J］. 经济科学，2005（3）：120－128.

［63］黄之骏，王华. 经营者股权激励与企业价值——基于内生性视角的理论分析与经验证据［J］. 中国会计评论，2006（6）：29－58.

［64］谢德仁，陈云森. 业绩型股权激励、行权业绩条件与股东财富增长［J］. 金融研究，2010（12）：99－114.

［65］Baker，T.，D. Collins and A. Reitenga. Stock－Option Compensation and Earnings Management Incentives［J］. Journal of Accounting，Auditing and Finance，2003，18（4）：557－582.

［66］Bartov E.，Mohanram P. Private Information，Earnings Manipulations，and Executive Stock-option Exercises［J］. The Accounting Review，2004，79（4）：889－920.

［67］Yu Wei. Executive Stock Option Exercises，Insider Information and Earnings Management［EB/OL］. http：//home. business. utah. edu/finea/ESOExercise_InsiderInformation. pdf.

［68］Bartov，E. and P. Mohanram. Private Information，Earnings Manipulations，and Executive Stock Option Exercises［J］. The Accounting Review，2004，79（4）：889－920.

［69］Cheng，Q. and T. D. Warfield. Equity incentives and earnings management［J］. The Accounting Review，2005，80（2）：441－476.

［70］Johnson，S. Tian，Shane A. J. and Harley E. R. Executive Compensation and Corporate Fraud［EB/OL］. http：//accounting. uwaterloo. ca/seminars/old_papers/Johnson.

［71］Anup Agrawal and Tommy Cooper. Insider Trading before Accounting Scandals［EB/OL］. http：//papers. ssrn. com/sol3/papers. cfm?abstract_id＝929413.

［72］Cheng，Q. and D. B. Farber. Earnings Restatements，Changes in CEO Compensation，and Firm Performance［J］. The Accounting Review, 2008, 83 (5): 1217 – 1250.

[73] Eriekson, M., M. Hanlon, and E. L. Maydew. Is There ALink between Executive Equity Incentives and Accounting Fraud? [J]. Journal of Accounting Research, 2006, 44 (1): 113 – 143.

[74] Natasha Burns and Simi Kedia. The Impact of Performance-based Compensation on Misreporting [J]. Journal of Financial Economics, 2006, 79 (1): 45 – 49.

[75] Goldman, E. and L. Slezak. An Equilibrium Model of Incentive Contracts in the Presence of Information Manipulation [J]. Journal of Financial Economics, 2006, 80 (3): 603 – 626.

[76] Peng, L. and A. Roell. Executive Pay and shareholder litigation [J]. Review of Finance, 2008 (12): 141 – 184.

[77] Cornett, M. M., A. J. Marcus and H. Tehranian. Corporate Governance and Pay-for-Performance: The Impact of Earnings Management [J]. Journal of Financial Economics, 2008, 87 (2): 357 – 373.

[78] Gaver J. J., Gaver K. M., Austin J. R. Additional Evidence on Bonus Plans and Income Management [J]. Journal of Accounting and Economics, 1995, 19 (1): 3 – 28.

[79] 向显湖，钟文．试论经营者股权激励与人力资本产权收益[J]．会计研究，2010 (10): 67 – 75.

[80] Bebchuk, L. A., J. M. Fried and D. I. Walker. Managerial Power and Rent Extraction in the Design of Executive Compensation [J]. University of Chicago Law Review, 2002 (69): 751 – 846.

[81] Bebchuk, L. A. and J. M. Fried. Executive Compensation as an Agency Problem [J]. Journal of Economic Perspectives, 2003 (17): 71 – 92.

[82] Tian, Y. S. Too Much of a Good Incentive? The Case of Executive Stock Options [J]. Journal of Banking and Finance, 2004 (28):

1225 – 1245.

［83］ Markus C. Arnold and Robert M. Gillenkirch. Stock Options as Incentive Contracts and Dividend Policy ［EB/OL］. http：//papers. ssrn. com/sol3/papers. cfm? abstract_id = 303242.

［84］ Murphy，K. J. Executive Compensation ［J］. Handbook of Labor Economics，1999 (3)：2512 – 2515.

［85］ Johnsen，A. Should Options Reward Absolute or Relative Shareholder Returns ［J］. Compensation and Benefits Review，1999 (31)：38 – 43.

［86］ 周建波，孙菊生．经营者股权激励的治理效应研究——来自中国上市公司的经验证据［J］．会计研究，2006 (4)：44 – 50.

［87］ 吴育辉，吴世农．企业高管自利行为及其影响因素研究［J］．管理世界，2010 (5)：141 – 149.

［88］ 张海平，吕长江．上市公司股权激励与会计政策选择：基于资产减值会计的分析［J］．财经研究，2011 (7)：60 – 70.

［89］ Core，J. E. and Larcker，D. F. Performance Consequences of Mandatory Increases in Executive Stock Ownership ［J］. Journal of Financial Economics，2002，64 (3)：317 – 340.

［90］ Bebchuk L. and J. Fried. Pay without Performance ［M］. Harvard University Press，2003.

［91］ Maslow A. H. The Instinctoid Nature of Basic Needs 1 ［J］. Journal of Personality，1954，22 (3)：326 – 347.

［92］ Alderfer，Clayton P. Existence，Relatedness，and Growth：Human Needs in Organizational Settings ［M］ New York：Free Press，1972.

［93］ McClelland D. C. The Achieving Society ［M］. New York：Van Nostran Reinhold，1961.

［94］ Vroom V. H. Work and Motivation ［M］. New York：John Wiley & sons, 1964: 47 -51.

[95] Adams, J. S. Toward an Understanding of Inequity [J]. Journal of Abnormal and Social Psychology, 1963, 67 (5): 422 -436.

[96] Porter, Lyman W. Managerial Attitudes and Performance [M]. USA: R. D. Irwin, 1968: 198 -207.

[97] B. F. Skinner. Science and Human Behavior [M]. New York: The Free Press, 1965: 59 -67.

[98] House R. J. A Path Goal Theory of Leader Effectiveness [J]. Administrative Science Quarterly, 1971, 16 (3): 321 -339.

[99] Fama, E. The Behavior of Stock Market Price [J]. Journal of Business, 1965 (38): 34 -106.

[100] Fama, E. Efficient Capital Market: A Review of Theory and Empirical Work [J]. Journal of Finance, 1970 (25): 383 -417.

[101] Fama, E. Agency Problems and The Theory of the Firm [J]. The Journal of Plitical Economy, 1980, 88 (2): 288 -307.

[102] Lyman Johnson. Corporate Takeovers and Corporations: Who are They for [J]. Washington and Lee Law Review, 1986, 43 (3): 781.

[103] Michael C. Jensen. The Modern Industrial Revolution, Exit, and The Failue of Internal Control Systems [J]. The Journal of Finance, 1993 (7): 831 -880.

[104] Monks, Robert A G. and Nell Minow, Corporate Governace [M]. United States: Blackwell Publishers Inc., 1995: 77 -89.

[105] Hermalin, B. E. and Michales S. Weisbach. The Determinants of Board Composition [J]. The Rand Journal of Economics, 1988, 19 (4): 589 -606.

[106] Triker, Bob. Corporate Governmance: Principles, Policies and Practices [M]. United Kingdom: Oxford University Press, 1978:

6 - 12.

[107] William O. Brown Jr. and Michael T. Maloney. Exit, Voice, and the Role of Corporate Directors: Evidence from Acquisition Performance [EB/OL]. http://papers.ssrn.com/sol3/papers.cfm?abstract_id = 160308.

[108] Lee Y. S., S. Rosensteinand J. G. Wyatt. The Value of Financial Outside Directors on Corporate Boards [J]. International Review of Economics and Finance, 1999, 8 (4): 421 - 431.

[109] Borokhovich, Parrino and Trapani. Outside Directors and CEO Selection [J]. Journal of Financial and Quantitative Analysis. 1996, 31 (3): 341 - 347.

[110] Donaldson and Davis. Boards and Company Performance-Research Challenges the Conventional Wisdom [J]. Corporate Finance, 1994, 12 (3): 151 - 160.

[111] Holmstrom, B. Managerila Incentive Problems-A Dynamic Perspective [J]. The Review of Economic Studies, 1999, 66 (1): 173 - 176.

[112] Perry T. Incentive Compensation for Outside Directors and CEO Turnover [R]. Tuck-JFE Contemporary Corporate Governance Conference. 2000.

[113] 郑贤玲．股票期权制理论与实践 [M]. 北京：经济管理出版社，2003：177.

[114] Shirley, M. M. and p. Walsh. Public Vs. Private Ownership: The Current State of The Debate [EB/OL]. http://papers.ssrn.com/sol3/papers.cfm?abstract_id = 261854.

[115] Martin K., and J. McConnell. Corporate Performance, Corporate Takeovers and Management Turnover [J]. Journal of Finance, 1991, 46 (2): 671 - 687.

[116] Brian J. Hall and Thomas A. Knox. Managing Option Fragility [EB/OL]. http://www. nber. org/papers/w9059.

[117] Eugene F. Fama, Lawrence Fisher, Michael C. Jensen and Richard Roll. The Adjustment of Stock Prices to New Information [J]. International Economic Review, 1969, 10.

[118] Brickley J. A., Bhagat S. and Lease R. C. The Impact of Long-range Managerial Compensation Plans on Shareholder Wealth [J]. Journal of Accounting and Economics, 1985, 7 (1): 115 – 129.

[119] Core, J. E. and Larcker, D. F. Performance Consequences of Mandatory Increases in Executive Stock Ownership [J]. Journal of Financial Economics, 2002 (64): 317 – 340.

[120] Bhagat S., Brickley J. A. and Lease R. C. Incentive Effects of Stock Purchase Plans [J]. Journal of Financial Economics, 1985, 14 (2): 195 – 215.

[121] Defusco, R. A., Johnson, R. R. and Zorn, T. S. The Effect of Executive Stock Option Plans on Stockholders and Bondholders [J]. Journal of Finance, 1990 (45): 617 – 627.

[122] Hideaki Kiyoshi Katoa, Michael Lemmonb, Mi Luob and James Schallheim. An Empirical Examination of The Costs and Benefits of Executive Stock Options: Evidence from Japan [J]. Journal of Financial Economics, 2005 (78): 435 – 461.

[123] Kato H. K., Lemmon M., Luo M., et al. An empirical Examination of the Costs and Benefits of Executive Stock Options: Evidence from Japan [J]. Journal of Financial Economics, 2005, 78 (2): 435 – 461.

[124] Christian Langmann. Stock Market Reaction and Stock Option Plans: Evidence from Germany [J]. Schmalenbach Business Review, 2007, 59.

［125］ Ikäheimo S.，Kjellman A.，Holmberg J.，et al. Employee Stock Option Plans and Stock Market Reaction：Evidence from Finland［J］. The European Journal of Finance，2004，10（2）：105－122.

［126］ 李曜．股票期权与限制性股票股权激励方式的比较研究［J］．经济管理，2008（23－24）：11－18.

［127］ 陈汉文，陈向民．证券价格的事件性反应——方法、背景和基于中国证券市场的应用［J］．经济研究，2002（1）：40－95.

［128］ J. 威斯通．接管、重组与公司治理（第二版）［M］．大连：东北财经大学出版社，2000.

［129］ Lewellen G.，Claudio Loderer and Kenneth M. Executive Compensation and Executive Incentive Problems：An Empirical Analysis［J］. Journal of Accounting and Economics，1987（9）：287－310.

［130］ David Yermack. Do Corporations Award CEO Stock Options Effectively？［J］. Journal of Financial Economics，1995（39）：237－269.

［131］ La Porta，Rafael，Lopez-de-Silanes，Flowrencio and Shleifer，Andrei. Corporate Ownership around the World［J］. Journal of Finance，1999（54）：471－517.

［132］ Bertrand，Marinneand Sendhil Mullainathan. Do CEOS Set Their Own Pay？The Ones without Principals do［EB/OL］. http：//www. nber. org/papers/w7604.

［133］ Holdness Clifford G. A Survey of Blockholders and Corporate Control［J］. FRBNY Economic Policy Review，2003（4）：51－63.

［134］ 青木昌彦，钱颖一．转轨经济中的公司治理结构：内部人控制和银行的作用［M］．北京：经济科学出版社，1995：83－87.

［135］ Vernon R. The International Aspect of State Owner Enterprises［J］. Columbia Journal of World Business，1981（10）：53－65.

［136］ Mak Y. T. and Yuan Li. Determinants of Corporate Ownership and Board Structure: Evidence of Singapore [J]. Journal of Corporate Finance, 2001 (7): 235 -256.

[137] Demseta, H. and Lehn, K. The Structure of Corporate Ownership: Causes and Conse-quences [J]. Journal of Political Economy, 1985 (93): 1155 -1177.

[138] Himmlberg C. P. , Hubbard, R. G. and Palia, D. Understanding the Determinants of Managerial Ownership and the Link between Ownership and Performance [J]. Journal of Financial Economics, 1999 (53): 353 -384.

[139] Baker, G. and Hall, B. CEO Incentives and Firm Size [J]. Journal of Labor Economics, 2004 (22): 767 -798.

[140] Gaver J. and Gaver, K. Additional Evidence on the Association between the Investment Opportunity Set and Corporate Financing, Dividend, and Compensation Policies [J]. Journal of Accounting and Economics, 1993 (16): 125 -160.

[141] Mehran, H. Executive Compensation Structure, Ownership, and Firm Performance [J]. Journal of Financial Economics, 1995 (38): 163 -184.

[142] Palia, D. The Endogeneity of Managerial Compensation in Firm Valuation: A Solution [J]. The Review of Financial Studies. 2001, 14 (3): 745 -749.

[143] Bathala Chenchuranmaiah T. Determinants of Managerial Stock Ownership: The Case of CEOS [J]. The Financial Review, 1996 (31): 127 -147.

[144] Core, J. E. and Guay, W. R. The Use of Equity Grants to Manage Optimal Equity Incentive Levels [J]. Journal of Accounting and Economics, 1999 (28): 151 -184.

[145] Core, J. E. and Guay, W. R. Stock Option Plans for Non-Ex-

ecutive Employees [J]. Journal of Financilal Economics, 2001 (61): 253 -287.

[146] Jensen M. C. Agency Costs of Free Cash Flow, Corporate Finance, and Takeovers [J]. The American Economic Review, 1986 (76): 659 -665.

[147] 辛宇，徐莉萍．公司治理机制与超额现金持有水平 [J]. 管理世界，2006 (5): 136 -140.

[148] Cui Huimin and Y. T. Mak. The Relationship between Managerial Ownership and Firm Performance in High R&D Firms [J]. Journal of Corporate Finance, 2002, 8 (3): 13 -336.

[149] John E. Core and Jun Qian. Option-Like Contracts for Innovation and Production [EB/OL]. http://papers.ssrn.com/sol3/papers.cfm?abstract_id =207968.

[150] 樊纲，王小鲁，朱恒鹏．中国地区市场化指数——各地区市场化相对进程 2009 年度报告 [M]. 北京：经济科学出版社，2010: 8.

[151] 夏立军，陈信元．市场化进程、国企改革策略与公司治理结构的内生决定 [J]. 经济研究，2007 (7): 82 -89.

[152] Bebuchuk, L. A., Jesse M. Fried and David I. Walker. Managerial Power and Rent Extraction in the Design of Executive Compensation [EB/OL]. http://www.nber.org/papers/w9068.

[153] Cloes, J. L., M. Hertzel and S. Kalpathy. Earnings Management around Employee Stock Option Reissues [J]. Journal of Accounting and Economics, 2006 (41): 173 -200.

[154] Jared Harris and Philip Bromiley. Incentives to Cheat: The Influence of Executive Compensation and Firm Performance on Financial Misrepresentation [J]. Organization Science, 2007, 18 (3): 350 -367.

[155] Kiridaran Kanagaretnam, Robert Mathieub and Mohamed

Shehatac. Usefulness of Comprehensive Income Reporting in Canada [J]. Journal of Accounting and Public Policy, 2009, 28 (4): 349 –365.

[156] Johnson, S. A., H. E. Ryan and Y. S. Tian. Managerial Incentives and Corporate Fraud: The Sources of Incentives Matters [J]. Review of Finance, 2009 (13): 115 –145.

[157] Matthias Benz, Marcel Kucher and Alois Stutzer. Are Stock Options the Managers' Blessing? Stock Option Compensation and Institutional Controls. [EB/OL]. http://papers.ssrn.com/sol3/papers.cfm?abstract_id=251009.

[158] Richard M. Cyert, Sok-Hyon Kang and Praveen Kumar. Corporate Governance, Takeovers, and Top-Management Compensation: Theory and Evidence [J]. Management Science, 2002, 48 (4): 453 –469.

[159] Jay C. Hartzell and Laura T. Starks. Institutional Investors and Executive Compensation [J]. The Journal of Finance, 2003, 58 (6): 2351 –2374.

[160] Perez, D. Alvarez and E. N. Fontela. CEO power and CEO Stock Options Design [EB/OL]. http://iamireland.ie/wp-content/uploads/2012/05/IJM_27_2_Final_crop.pdf#page=9.

[161] 卢西恩·伯切克，杰西·弗里德（美）著（赵立新等译）. 无功受禄——审视美国高管薪酬制度 [M]. 北京：法律出版社，2009：126 –135.

[162] Yermack, D. Good Timing: CEO Stock Option Awards and Company News Announcements [J]. Journal of Finance, 1997 (52): 449 –476.

[163] Aboody, D., Barth, M. and Kasznik R. Firms' Voluntary Recognition of Stock-Based Compensation Expense [J]. Journal of Accounting Research, 2004 (42): 123 –150.

[164] Sandra Renfro Callaghan, Chandra Subramaniam and Stuart Youngblood. Does Option Repricing Retain Executives and ImproveFuture Performance? [EB/OL]. www. researchgate. net.

[165] Chauvin, K. W. and C. Shenoy. Stock Price Decreases Prior to Executive Stock Option Grants [J]. Journal of Corporate Finance, 2001 (7): 53 -76.

[166] Choudhary, P. S. Rajgopal and M. Venkatachalam. Accelerated Vesting of Employee Stock Option in Anticipation of FAS123 - R [J]. Journal of Accounting Research, 2009, 47 (1): 105 -146.

[167] 卢锐，魏明海，黎文靖．管理层权力、在职消费与产权效率——来自中国上市公司的证据 [J]. 南开管理评论，2008 (5): 85 -92.

[168] Rui Albuquerque and Jianjun Miao. Advance Information and Asset Prices [EB/OL]. http: //www. cepr. org/pubs/new-dps/dplist. asp? dpno =6588. asp.

[169] Grinstein Y., Hribar P. CEO Compensation and Incentives: Evidence from M&A Bonuses [J]. Journal of Financial Economics, 2004, 73 (1): 119 -143.

[170] 权小锋，吴世农，文芳．管理层权力、私有收益与薪酬操纵 [J]. 经济研究，2010 (11): 73 -86.

[171] 陈小悦，陈晓，顾斌．中国股市弱型效率的实证研究 [J]. 会计研究，1997 (9): 13 -17.

附　　录

附录一：业绩条件量化的公司及其采用的具体量化指标

股票代码	公司名称	具体量化指标	股票代码	公司名称	具体量化指标
000002. SZ	万科 A	A. D	300002. SZ	神州泰岳	A. D
000009. SZ	中国宝安	B. D	300004. SZ	南风股份	A. D
000012. SZ	南玻 A	C. D	300005. SZ	探路者	A. D
000031. SZ	中粮地产	D	300007. SZ	汉威电子	B. D
000039. SZ	中集集团	E	300012. SZ	华测检测	B. D. J
000042. SZ	深长城	L	300013. SZ	新宁物流	B. D
000046. SZ	泛海建设	B	300014. SZ	亿纬锂能	B. D
000100. SZ	TCL 集团	B. L	300015. SZ	爱尔眼科	A. D
000488. SZ	晨鸣纸业	B. I	300017. SZ	网宿科技	A. D. G
000523. SZ	广州浪奇	A. B. J	300020. SZ	银江股份	B. D
000527. SZ	美的电器	B. D	300025. SZ	华星创业	A. D
000558. SZ	莱茵置业	C. D	300027. SZ	华谊兄弟	B. D
000561. SZ	烽火电子	A. J. P	300028. SZ	金亚科技	A. D
000566. SZ	海南海药	B. C	300031. SZ	宝通带业	D. J
000568. SZ	泸州老窖	A. E	300034. SZ	钢研高纳	A. D
000572. SZ	海马汽车	B. D	300036. SZ	超图软件	B. D
000650. SZ	仁和药业	A. F	300043. SZ	星辉车模	D. G
000667. SZ	名流置业	B. H	300045. SZ	华力创通	D
000671. SZ	阳光城	B. I	300047. SZ	天源迪科	A. D
000690. SZ	宝新能源	B. N	300051. SZ	三五互联	A. D
000718. SZ	苏宁环球	B. D	300052. SZ	中青宝	B. D
000768. SZ	西飞国际	B	300054. SZ	鼎龙股份	A. D
000818. SZ	方大化工	B. D	300056. SZ	三维丝	B. D

续表

股票代码	公司名称	具体量化指标	股票代码	公司名称	具体量化指标
000826. SZ	桑德环境	B. D	300058. SZ	蓝色光标	B. D
000851. SZ	高鸿股份	D. J	300059. SZ	东方财富	D
000881. SZ	大连国际	F. W	300062. SZ	中能电气	A. D
000893. SZ	东凌粮油	B. D	300064. SZ	豫金刚石	A. D
000921. SZ	ST 科龙	B. E	300068. SZ	南都电源	H
000926. SZ	福星股份	A. F	300070. SZ	碧水源	B. D. J
000948. SZ	南天信息	A. D	300073. SZ	当升科技	A. D
000961. SZ	中南建设	B. D	300075. SZ	数字政通	B. D
000969. SZ	安泰科技	A. D	300076. SZ	宁波 GQY	D
000990. SZ	诚志股份	D. Q	300079. SZ	数码视讯	B. D
000996. SZ	中国中期	D	300080. SZ	新大新材	B. D
000998. SZ	隆平高科	B. L	300083. SZ	劲胜股份	A. D. J
002003. SZ	伟星股份	B. F	300104. SZ	乐视网	A. D
002004. SZ	华邦制药	B. M	300114. SZ	中航电测	C. E
002005. SZ	德豪润达	B. F	300116. SZ	坚瑞消防	D. J
002008. SZ	大族激光	B. D	300117. SZ	嘉寓股份	C
002010. SZ	传化股份	A. D	300119. SZ	瑞普生物	B. D
002011. SZ	盾安环境	B. M	300121. SZ	阳谷华泰	D. J
002014. SZ	永新股份	B. D	300122. SZ	智飞生物	B. D
002021. SZ	中捷股份	B. D	300124. SZ	汇川技术	B. H
002024. SZ	苏宁电器	D. Q	300126. SZ	锐奇股份	A. D
002028. SZ	思源电气	A. D	300133. SZ	华策影视	B. D
002029. SZ	七匹狼	B. D	300138. SZ	晨光生物	B. D
002030. SZ	达安基因	A. D	300140. SZ	启源装备	A. H
002032. SZ	苏泊尔	B. H	300141. SZ	和顺电气	A. D
002038. SZ	双鹭药业	H	300152. SZ	燃控科技	D. L
002042. SZ	华孚色纺	B. D	300156. SZ	天立环保	D
002045. SZ	国光电器	B. D	300166. SZ	东方国信	B. D
002050. SZ	三花股份	A. D. J	300168. SZ	万达信息	B. E. J
002051. SZ	中工国际	B. F. H	300169. SZ	天晟新材	D

续表

股票代码	公司名称	具体量化指标	股票代码	公司名称	具体量化指标
002052. SZ	同洲电子	D. Q	300177. SZ	中海达	B. D
002054. SZ	德美化工	H. K	300182. SZ	捷成股份	B. D
002055. SZ	得润电子	C. M	300183. SZ	东软载波	A. D
002063. SZ	远光软件	A. D	300191. SZ	潜能恒信	B. D
002065. SZ	东华软件	D	300198. SZ	纳川股份	D. L
002069. SZ	獐子岛	B. D	300201. SZ	海伦哲	B. D
002078. SZ	太阳纸业	E	300204. SZ	舒泰神	A. D
002079. SZ	苏州固锝	A. D	300208. SZ	恒顺电气	B. D
002084. SZ	海鸥卫浴	C. E	300213. SZ	佳讯飞鸿	B. D
002089. SZ	新海宜	B. D	300228. SZ	富瑞特装	C. E
002091. SZ	江苏国泰	A. D	300229. SZ	拓尔思	A. D
002098. SZ	浔兴股份	A. D	300236. SZ	上海新阳	A. D
002099. SZ	海翔药业	A. D	300241. SZ	瑞丰光电	A. D
002101. SZ	广东鸿图	B. H	300253. SZ	卫宁软件	D. J
002116. SZ	中国海诚	B. H	300262. SZ	巴安水务	A. J
002130. SZ	沃尔核材	B. D. J	300263. SZ	隆华传热	A. D
002133. SZ	广宇集团	B. D	300271. SZ	紫光华宇	E
002139. SZ	拓邦股份	B. D	300285. SZ	国瓷材料	A. D
002146. SZ	荣盛发展	B. E	300296. SZ	利亚德	A. D
002147. SZ	方圆支承	B. D	300299. SZ	富春通信	D. J
002150. SZ	江苏通润	E	600031. SH	三一重工	D
002151. SZ	北斗星通	B. D	600048. SH	保利地产	H
002153. SZ	石基信息	M	600060. SH	海信电器	A. D
002161. SZ	远望谷	B. D	600067. SH	冠城大通	C. E
002162. SZ	斯米克	F	600077. SH	宋都股份	C. M
002167. SZ	东方锆业	D	600089. SH	特变电工	B. D
002170. SZ	芭田股份	B. D	600108. SH	亚盛集团	A. H
002174. SZ	梅花伞	D. G	600141. SH	兴发集团	C. E. J
002177. SZ	御银股份	B. G	600143. SH	金发科技	B. D. S
002187. SZ	广百股份	A. D. G	600180. SH	瑞茂通	B. F. O

续表

股票代码	公司名称	具体量化指标	股票代码	公司名称	具体量化指标
002192. SZ	路翔股份	B. G	600183. SH	生益科技	B. E
002200. SZ	＊ST 大地	D. K	600189. SH	吉林森工	C. M
002211. SZ	宏达新材	D. G	600206. SH	有研硅股	C. M
002215. SZ	诺普信	B. D	600208. SH	新湖中宝	C. G
002218. SZ	拓日新能	F. O	600216. SH	浙江医药	B. D
002225. SZ	濮耐股份	B. D	600240. SH	华业地产	C. E
002230. SZ	科大讯飞	D	600260. SH	凯乐科技	C. E
002250. SZ	联化科技	B. D	600290. SH	华仪电气	A. D. J
002255. SZ	海陆重工	B. D	600321. SH	国栋建设	B. D
002261. SZ	拓维信息	B. D	600325. SH	华发股份	A
002264. SZ	新华都	B. D. J	600337. SH	美克股份	A. D
002269. SZ	美邦服饰	A. D	600345. SH	长江通信	C. E. L
002277. SZ	友阿股份	B. D	600352. SH	浙江龙盛	D
002279. SZ	久其软件	B. D	600356. SH	恒丰纸业	B. D
002281. SZ	光迅科技	A. D	600360. SH	华微电子	B. D
002285. SZ	世联地产	B. D. G	600381. SH	贤成矿业	B. D
002290. SZ	禾盛新材	A. D	600383. SH	金地集团	B. M. S
002298. SZ	鑫龙电器	B. D	600446. SH	金证股份	A. D
002303. SZ	美盈森	B. D	600477. SH	杭萧钢构	A. F
002305. SZ	南国置业	B. D	600478. SH	科力远	H. K
002306. SZ	湘鄂情	B. D	600485. SH	中创信测	D. J
002308. SZ	威创股份	B. D. U	600493. SH	凤竹纺织	D
002310. SZ	东方园林	B. D	600496. SH	精工钢构	C. G
002311. SZ	海大集团	B. F. R	600498. SH	烽火通信	A. D
002324. SZ	普利特	B. D. R	600499. SH	科达机电	C. E
002327. SZ	富安娜	B. D	600500. SH	中化国际	B. H
002334. SZ	英威腾	A. D. F	600507. SH	方大特钢	B. D
002345. SZ	潮宏基	B. D	600516. SH	方大炭素	E
002350. SZ	北京科锐	B. D	600521. SH	华海药业	C. D
002372. SZ	伟星新材	B. D	600525. SH	长园集团	A. H

续表

股票代码	公司名称	具体量化指标	股票代码	公司名称	具体量化指标
002373. SZ	联信永益	D	600535. SH	天士力	B. D
002375. SZ	亚厦股份	A. D	600565. SH	迪马股份	B. D
002376. SZ	新北洋	B. D	600570. SH	恒生电子	B. D
002383. SZ	合众思壮	B. D	600572. SH	康恩贝	B. E
002385. SZ	大北农	A. D	600580. SH	卧龙电气	E
002399. SZ	海普瑞	B. D	600582. SH	天地科技	B. D
002407. SZ	多氟多	C. D. F	600583. SH	海油工程	A. L. N
002411. SZ	九九久	D. G	600584. SH	长电科技	B. D
002416. SZ	爱施德	A. H. K	600588. SH	用友软件	C. E
002426. SZ	胜利精密	A. D	600590. SH	泰豪科技	B. M
002429. SZ	兆驰股份	C. D	600690. SH	青岛海尔	B. D
002436. SZ	兴森科技	B. D	600693. SH	东百集团	B. D
002448. SZ	中原内配	B. D	600739. SH	辽宁成大	H
002450. SZ	康得新	A. D	600750. SH	江中药业	B. J. O. T
002452. SZ	长高集团	A. D	600756. SH	浪潮软件	E
002456. SZ	欧菲光	D. O	600776. SH	东方通信	B. H. L
002469. SZ	三维工程	B. D	600797. SH	浙大网新	E
002477. SZ	雏鹰农牧	C. D	600804. SH	鹏博士	B. D
002482. SZ	广田股份	B. D	600880. SH	博瑞传播	D. Q
002519. SZ	银河电子	A. D	600887. SH	伊利股份	L
002528. SZ	英飞拓	A. D	601139. SH	深圳燃气	C. E
002541. SZ	鸿路钢构	B. D	601268. SH	二重重装	C. E. J
002548. SZ	金新农	B. J	601299. SH	中国北车	C. J
002567. SZ	唐人神	B. D	601566. SH	九牧王	A. D
002596. SZ	海南瑞泽	B. J	601766. SH	中国南车	C
002612. SZ	朗姿股份	B. D	601877. SH	正泰电器	A. D. J
002638. SZ	勤上光电	B. D			

注：手工整理；此表共279家公司；具体量化指标字母代表的含义请参见正文表5－3。

附录二：实施股权激励的公司中业绩不量化的公司

股票代码	公司名称	股票代码	公司名称	股票代码	公司名称	股票代码	公司名称
000006. SZ	深振业 A	002194. SZ	武汉凡谷	002527. SZ	新时达	600175. SH	美都控股
000061. SZ	农产品	002195. SZ	海隆软件	002535. SZ	林州重机	600190. SH	锦州港
000063. SZ	中兴通讯	002213. SZ	特尔佳	002572. SZ	索菲亚	600276. SH	恒瑞医药
000069. SZ	华侨城 A	002214. SZ	大立科技	002580. SZ	圣阳股份	600289. SH	亿阳信通
000511. SZ	银基发展	002219. SZ	独一味	002609. SZ	捷顺科技	600315. SH	上海家化
000534. SZ	万泽股份	002221. SZ	东华能源	002660. SZ	茂硕电源	600354. SH	敦煌种业
000651. SZ	格力电器	002236. SZ	大华股份	300009. SZ	安科生物	600366. SH	宁波韵升
000721. SZ	西安饮食	002242. SZ	九阳股份	300011. SZ	鼎汉技术	600388. SH	龙净环保
000726. SZ	鲁泰 A	002266. SZ	浙富股份	300048. SZ	合康变频	600399. SH	抚顺特钢
000766. SZ	通化金马	002271. SZ	东方雨虹	300066. SZ	三川股份	600405. SH	动力源
000790. SZ	华神集团	002273. SZ	水晶光电	300098. SZ	高新兴	600410. SH	华胜天成
000925. SZ	众合机电	002291. SZ	星期六	300100. SZ	双林股份	600422. SH	昆明制药
000932. SZ	华菱钢铁	002301. SZ	齐心文具	300110. SZ	华仁药业	600438. SH	通威股份
000939. SZ	凯迪电力	002312. SZ	三泰电子	300128. SZ	锦富新材	600460. SH	士兰微
000972. SZ	*ST 中基	002322. SZ	理工监测	300131. SZ	英唐智控	600482. SH	风帆股份
000997. SZ	新大陆	002325. SZ	洪涛股份	300142. SZ	沃森生物	600557. SH	康缘药业
002001. SZ	新和成	002333. SZ	罗普斯金	300147. SZ	香雪制药	600571. SH	信雅达
002018. SZ	华星化工	002335. SZ	科华恒盛	300170. SZ	汉得信息	600594. SH	益佰制药
002031. SZ	巨轮股份	002359. SZ	齐星铁塔	300178. SZ	腾邦国际	600596. SH	新安股份
002056. SZ	横店东磁	002364. SZ	中恒电气	300188. SZ	美亚柏科	600597. SH	光明乳业
002081. SZ	金螳螂	002367. SZ	康力电梯	300190. SZ	维尔利	600635. SH	大众公用
002090. SZ	金智科技	002384. SZ	东山精密	300195. SZ	长荣股份	600641. SH	万业企业
002092. SZ	中泰化学	002387. SZ	黑牛食品	300216. SZ	千山药机	600697. SH	欧亚集团
002097. SZ	山河智能	002388. SZ	新亚制程	300240. SZ	飞力达	600737. SH	中粮屯河
002117. SZ	东港股份	002410. SZ	广联达	300249. SZ	依米康	600773. SH	西藏城投
002126. SZ	银轮股份	002413. SZ	常发股份	300252. SZ	金信诺	600976. SH	武汉健民

续表

股票代码	公司名称	股票代码	公司名称	股票代码	公司名称	股票代码	公司名称
002138. SZ	顺络电子	002415. SZ	海康威视	300255. SZ	常山药业	600978. SH	宜华木业
002148. SZ	北纬通信	002421. SZ	达实智能	300272. SZ	开能环保	601126. SH	四方股份
002154. SZ	报喜鸟	002425. SZ	凯撒股份	600019. SH	宝钢股份	601222. SH	林洋电子
002157. SZ	正邦科技	002460. SZ	赣锋锂业	600030. SH	中信证券	601311. SH	骆驼股份
002163. SZ	中航三鑫	002479. SZ	富春环保	600036. SH	招商银行	601313. SH	江南嘉捷
002165. SZ	红宝丽	002489. SZ	浙江永强	600066. SH	宇通客车	601616. SH	广电电气
002168. SZ	深圳惠程	002495. SZ	佳隆股份	600079. SH	人福医药	601636. SH	旗滨集团
002169. SZ	智光电气	002496. SZ	辉丰股份	600100. SH	同方股份	601668. SH	中国建筑
002173. SZ	千足珍珠	002518. SZ	科士达	600173. SH	卧龙地产	601799. SH	星宇股份

注：手工整理；此表共 140 家公司。